你自以為的極限，只是別人的起點

特立獨行的貓——著

第一章　沒有行動的夢想，永遠難以實現

第二章 相信自己，你的潛力遠大於當下

第四章　學習，讓你受用無窮

第一章
沒有行動的夢想，永遠難以實現

我相信你有很棒的夢想，
我也相信你有能力實現它。
但沒有行動的夢想，
永遠只是空想。
我希望每天叫醒你起床的不是鬧鐘，
而是你心中的那片渴望。

(1)你同學都身價上億了，你還在糾結早上幾點起床？

人們都喜歡用靜止的眼光看別人，其實是因為靜止不動的是你自己；人們都接受不了別人越變越好，總覺得別人「變了」，其實一直不變才是最可怕的。

自己覺得遙不可及的事，卻被別人實現了

有位朋友曾發訊息給我：「我同學都當了主管，我還在找工作。」看到這句話的時候我心裡一驚，因為我同學有的成了鋼琴家，有的已身價上億，我還在努力戰勝拖延的毛病。

我那個音樂家同學從小彈鋼琴。高中時候，我們上文化課，她去練琴；我們上大學，她考上了某個大學的藝術學院；我們開始工作，她去國外繼續學鋼琴。這麼多年過去，我們親眼看著她巡迴全世界開鋼琴音樂會，再見面的時候，她已是音樂家，有同樣才華出眾的老公。當時，她正跟她老公一起環遊世界。

當年我們都覺得，學藝術能有多大出路啊，大部分藝術學生畢業後都是當老師，如果當鋼琴家教收入最高，沒想到學藝術還有一個方向可以發展：成為鋼琴家。自己覺得遙不可及的事，卻被別人實現了。

剛畢業的時候，大家都喜歡比較，你去了國營企業，他去了私人企業，每個人都裝厲害，被大公司錄用的更是彷彿走上了成功大道。現在回想起來，都為自己當時的幼稚感到不好意思。當年覺得公司厲害就代表自己很厲害，其實完全是兩回事。到職之後，忙得昏天暗地才明白，自己只不過是這大企業光環裡的一隻螢火蟲，光亮微弱，沒有自己也可以。

畢業時，人人都把職業規劃掛嘴上，但其實只想規劃求職。很多人一開始想著三年後申請 MBA 出國讀書，可是三年後還能一心努力工作不抱怨的少之又少。好多人都忘了自己畢業時的規劃和夢想，而如今最大的夢想變成了準時下班。

你需要那麼認真嗎？需要！

剛畢業的時候，喜歡四處參加活動、到處混，認識很多人，就覺得自己很厲害。走到哪裡都裝模作樣地談一談，總是怕自己被別人忽視；總想成為講座上那種了不起的大人物，但在走向大人物的道路上卻總想偷懶。

有位同事年齡比我們都小，家庭背景普通，但他很努力，做什麼都特別認真。我們嬉笑打鬧地加班、吃東西，以為回家越晚代表自己越努力，只有他從不加入我們，對工作的每個細節都很講究，把自己搞得回不了家。

我們開玩笑地問他：「你需要那麼認真嗎？」

「需要，我不懂啊！」他總是這樣回答我們。

新媒體剛問世時，他研究H5（即第五代HTML，也指用H5語言製作的一切數位產品），成了公司唯一一個會做H5的人。微博剛興起時，他又是公司裡第一個學會做各種好玩有趣應用的人。那時候我們都覺得，他是傻子吧，明明客戶的要求可以直接外包處理，幹嘛自己費力研究？我們又不是做這個的。

後來他離職開了自己的公司做新媒體。我們都覺得好扯，呵呵，離開公司這棵大樹，自己在商海沉浮不怕淹死？

再見面的時候，他已經第二次創業，融資上億。

當年那個小小青年，現在還是憨憨地笑說：「我不懂啊，你能不能告訴我你們是怎麼做的？」

要嘛改變世界，要嘛被世界改變

人人都說不喜歡參加同學會，其實是因為自己混得太差。表面上說自己不喜歡同學會上有人炫耀，但倘若自己混得風生水起，可能巴不得自己來主辦同學會吧。

同班同學，十年之後，有人已身價上億，有人連上班不遲到都做不到。

我們總覺得人的成就差距，是家庭環境造成的，而這讓我們從進入社會第一天開始就彼此拉開了距離。有人有抱負也有堅持，有人有理想但總想著明天再做。時間久了，每個人的視野和格局，都慢慢發生了變化。

視野這東西很神奇，越撐越大，跟欲望一樣，但如果不理它就會越縮越小，小到眼睛裡連顆沙子都容不下。提到當年傻傻、現在飛黃騰達的同學，心裡只有一句：「呿，當年數學都不及格，他能當總裁我才不信呢！」

人們都喜歡用靜止的眼光看別人，其實是因為靜止不動的是你自己。

人們都接受不了別人越變越好，總覺得別人「變了」，其實一直不變才是最可怕的。

我們在社會上沉浮，跌跌撞撞，總希望有人能拉自己一把。我們每天看各種勵志語錄，以為是讓自己保持振奮的神藥。

其實，勵志故事的內容無非那麼幾項：堅強，勇敢，堅持，勤奮，逆境出人才等等。我們缺少的，並不是別人的成功要領，而是改變自己的勇氣：戒掉拖延的毛病，克服懶惰、對自己的無限寬容與高度自信。

我曾寫過一篇總結十年人生的文章，一位同事回覆說：「十年前，我能徒手製圖，心算公式，製造自動機械，是個長髮與白衣齊飄的少年；十年後，寫字要查手機，買菜算帳要扳手指，靠一些我自己也不懂的東西賺錢。」

你看，十年前，我們都喊著要改變世界；十年後，我們卻被世界改變。

⑵大多數人的一生，都敗給了一個字

三十歲的時候，我們都喜歡說自己有什麼想法，或者日子太平庸，想要做點事情，但是一年又一年，每一天過得都像昨天的翻版。等別人做出來了，才眼紅地說，自己當年也想到了，就是沒做。沒做，你還說什麼呢？

有一年除夕，阿何老師跟我說：「我過年不休息，準備再設計兩個課程。」

我覺得他瘋了。

我和阿何老師認識很久了。我在他的平臺分享寫作的心得，他正好來北京約我吃飯。那時候我剛懷孕，因嚴重的孕吐暴瘦，沒力氣出門，於是回絕了他。當時我只粗略知道他經營了一個微信公眾號，有百萬的關注量；他寫了本關於PPT的書，編輯是我的朋友；他是清華大學畢業的。但我一直很好奇，清華大學畢業應該能順利找到一份好工作，並且一路步步高升，可他卻跑去做公眾號，還從零做起，是為什麼呢？

有段時間我買了很多阿何老師開發的學習課程，聊得多了才知道，阿何老師不是我想得那麼簡單。他家境清寒，即使考上了清華大學表現也普通，於是用半年時間研究學習方法，一舉成為清華學霸。他畢業後就去了國營企業，做了一段時間，覺得這份工作不是自己想要的，於是去了金融業做業務。做了一段時間，他放棄了幾十萬年薪，自己創業，現在開始研究公眾號。這是他的第三次創業，收入我不知道，但他偶爾隨便說一個數字，都會燃起我的熊熊「仇富」之心。

年後有天晚上，我跟他請教一個問題，順便問他：「為什麼你學什麼都能學得又快又好？為什麼你不管學什麼，都能迅速成為高手並賺錢？就連做一個普通公眾號，三四個月的時間，就做得比我們做了一兩年的都好？你有什麼不可告人的祕訣嗎？我不是人，你告訴我！」

阿何老師回覆了一句話：「我有個目標，就是想讓大家一起學習、成長，所以我全年無休，勤奮、努力，不斷研究方法，不斷突破……」

我想起了他除夕跟我說他過年不打算休息的事情，原來他是認真的。

當然，可能你會說，這麼拚對身體不好，全年無休也沒有生活品質，這麼活著有什麼意思呢？其實也不必如此。可是，如果你想做點什麼事，想做出點成績，卻還跟以前一樣下班回家看電視，過節打麻將，你覺得可能嗎？

前段時間我認識了一位前輩，姓酒，以前是一個大國企的副總經理，現在辭職了自己創業，做芝麻醬。她妹妹是我以前的同事，看我剛生完孩子，就請她姐姐寄了幾瓶芝麻醬給我。酒女士出貨的時候，發現自己是我的讀者，關注我的公眾號很久，於是我們相約見了一面。

這一見，讓我特別感動。

酒女士比我們約定的時間早了半小時抵達。她很謙和，有親和力，我很好奇一家知名大國企的主管；一個二十九歲就被提拔為副總經理的人；一個我同事說是全家族驕傲的人，為什麼要辭職做芝麻醬呢？

她跟我說：「我在國企做了十幾年，有一天突然想看看外面的世界。但我已經四十歲了，所有人都覺得我只要安心做下去，等著功成名就就好了，全家人以我為榮。但他們不知道，我有我的痛苦和不安，所有的一切我都很熟悉了，難道接下來的日子就是一天天熬到五十五歲退休嗎？

「你知道身為一家全國聞名的國企高階主管，下決心辭職有多麼難，全家人和朋友都要我好好想想，都以為我只是想想而已。只有我先生在我的勸說下同意了。我立刻辭職，並憑藉我多年的人脈和經驗，選擇了最好的原料和工廠製作。我原本是生產副總，沒做過行銷，只能硬著頭皮做，一個個見人、學習，帶著東西一家家跑和介紹。我做了一年多了，從剛開始毫無頭緒，到現在認識了不少行銷圈子裡的人，雖然年紀都比我小很多，但教了我不少東西。如今每個月盈利還不錯，我其實挺滿足的。」

她一直滔滔不絕地說，都忘了吃火鍋。我聽著她說話，看著她激動的表情，覺得她好棒啊。這種說到夢想就眼睛發亮的人，可能在二十多歲的時候很多，但之後眼裡的光慢慢熄滅了，不是每個人都能在四十歲的時候重新為人生做出選擇；不是每個人都能放棄一輩子的安穩生活，在所有人的反對下重新出發，就為了一個別人看起來覺得滑稽的小夢想。

夢想是什麼？不知道，但大多數人的夢想，在二十歲的時候熠熠生輝，但在三十歲的時候已經死了，更別提四十歲。

回家的路上，我跟老公說：「這個人很值得尊敬啊！不是每個人都有這個勇氣，能把心裡想的，真的做出來，還放棄了那麼優渥的工作，太讓人敬佩了。」

回來以後，酒女士跟我說，知道我很宅，謝謝我肯出門去見她。其實我很想謝謝她，我已經很久沒有看到一個人說自己有夢想，而且提到夢想眼睛會發亮，包括我自己。

二十多歲的時候，我挺喜歡說自己的計畫，總覺得自己有很多想法，一個個都厲害得不得了，做出來肯定驚天動地，迅速成為人生大贏家。但越長大越不愛說了，因為我發現，說出來太容易，做起來太難。夢想如果只是說說，那就永遠只是說說而已。

三十歲的時候，我們都喜歡說自己有什麼想法，或者日子太平庸，想要做點事情，但是一年又一年，每一天過得都像昨天的翻版。等別人做出來了，才眼紅地說，自己當年也想到了，就是沒做。沒做，你還說什麼呢？

「大多數人心裡都想做點事，可最終都選擇了安逸的生活。」在朋友圈裡看到這句話，讓我感嘆，大多數人的一生，都敗給了一個字：等！

(3)你那麼喜歡看「乾貨」，是因為你根本不想下什麼功夫

你從來看不見別人的成功都是經過無數次煎熬和失敗，並從中淬煉出來的最終結果，你看到的僅僅是光芒四射的那一刻，而背後熬過的辛勞你不想看並希望自己能夠躲過。

有位朋友問我，能不能分享一下我寫作方面的乾貨[1]或者經驗。我特別害怕這樣的問題，因為我並不是一個喜歡總結方法論的人。我只能跟你說，要不斷地寫，寫作特別辛苦也需要格外勤奮，私底下要下很多功夫。但這樣的說法通常不會讓人滿意，總覺得我在藏私，害怕別人超越自己而回答得模稜兩可。

但事實上，我周圍的作家是什麼樣子呢？白天上班，晚上寫作到半夜是常有的事；在外面用手機寫，在機場等飛機也在寫，不斷地看書，瘋狂地閱讀。他們沒多少人去關注什麼乾貨或者技巧，就是瘋狂地寫而已。我的朋友老妖，她寫過一段話，描

1 類似撇步。

述自己寫作生涯的開端：

「我獨自一人在北京，無親無故，身無所長，唯一擅長的就是寫一點文章。只能埋頭苦幹，看很多很多書，寫很多很多字，把所有的不安和小情緒都釋放在文字裡。後來發現寫作可以賺到一些錢，最開始的時候，給人寫書評，一百塊錢一篇也寫，給很多高中生雜誌寫稿子，千字五十塊錢的也寫，還寫過各式各樣不署名的業配文。原本只是為了每個月多拿幾百上千的稿費，可是這樣居然累積了很多讀者，有時候會收到讀者的私信，告訴我他們被我的某篇文章鼓舞了，很喜歡我，覺得我勇敢地活成了他想要的樣子。」

很多人想要所謂的乾貨，也就是被總結出來步驟一二三四，但如果這個世界透過一二三四就能成功，那全世界的人都成功了。

你那麼喜歡看「乾貨」，是因為你根本不想下什麼苦功。

你想要的成功，無非是急功近利的一夜成名，但凡不能讓你找到速成法則的內容，你都不會滿意。

你看不起勵志語錄，其實是因為你就算喝了蠻牛，依然對眼下的事情一頭霧水，但卻完全不想自己研究尋找。

你太想從別人的成功故事裡發現一些能移植到自己身上的成功捷徑，是因為你從來看不見別人的成功都是經過無數次煎熬和失敗，並從中淬煉出來的最終結果，你看到的僅僅是光芒四射的那一刻，而背後熬過的辛勞你不想看並希望自己能夠躲過。

某次一位大咖跟我說，他在網上開了一門付費課，一共十節課。上完兩節課後就有幾個人來退費，理由是沒有乾貨。我這位朋友在他耕耘的領域非常資深又成功，一個成功的人，絕不是因為所謂的步驟一二三四就能達到了。但很多人覺得，我來聽你的課，就是為了乾貨，你不能讓我立地成佛，立刻成功，那就是沒用，我要退費。

現在有很多標題黨[2]的文章，也喜歡用乾貨，比如說「三句話讓你一天多賺一萬塊」、「如何用週末時間年入百萬」等。我周圍確實有這樣的人，利用下班後的私人時間打造個人品牌，現在每月都能賺六位數。但如果你聽過他們的分享，會發現他們都在努力告訴你一些所謂的乾貨根本沒什麼內容，最主要還是靠堅持、努力、認真，和對自己的超高要求。

有句話說，一個人的成功都是建立在讓自己痛苦和煎熬的自律之上。大部分人空有一顆想成功的心，卻沒有助自己走向成功的自律。曾有一個朋友說自己在招助理，很多人報名，每個人都把自己說得超有幹勁，非常吃苦耐勞，都希望跟著大咖共同致富。但每次要他們做點什麼事情，不是說自己今天太累了做不完了，就是這麼晚了要睡覺了，或者不會做、找不到，直接推回給主管。不到一個禮拜，朋友就崩潰地問我現在招人怎麼這麼難，大家是不是都不缺錢？這位朋友一個月大概能賺幾十萬，很多人靠近他可能只是想看看有什麼機會讓自己也變富有，結果發現沒什麼速成法，還累

2 以聳動標題吸引網友點擊。

得像條狗吧。

看過一篇對銀行行長的採訪，有人在網上問他，如何能用一萬塊錢，在兩個月內翻好多倍。行長跟他說：「你這種方法不叫投資，叫投機。最快的方法就是買彩券、打麻將，雖然失敗比成功機率高，但這是唯一符合你目標的辦法。」

一個在時尚業很資深的人跟我說，網上很多人很討厭她炫耀，但其實「不是我炫耀，是我夠努力，沒有體驗過失敗的感覺，這方面我沒有經驗。」這句話太霸氣了。網路時代，很多人覺得，我關注你，是因為我們一樣，如果我發現你比我厲害、比我好，就說明你變了或者你在炫耀。其實是你自己從來不肯下苦功，你失敗的經驗太多了，就覺得別人炫耀。可一個成功的人，為什麼不能炫耀給你看？非要將就你的玻璃心，跟你講自己的可憐，才能讓你覺得有共鳴？

說穿了，成功方法很簡單，不是因為速成法和祕技，只有堅持努力，努力堅持。當然，大部分人沒辦法讓自己下如此的苦功，所以不斷追求乾貨和捷徑，少部分人已經越來越快地跑向成功了。你看得越多，越追不上。

⑷每天活得跟喝了蠻牛一樣，你不累嗎？

工作前三年，是職場最單純的時候，因為年輕，很多人不把你當競爭對手，對你毫無保留地關照與教導。這個期間回報你的可能不是薪水多寡，也不是賺一桶金，而是工作基礎與素養的累積。

我剛畢業的時候進入一家國外企業上班，老闆是新加坡人。在我們眼裡，她是一個女強人，精明幹練，能力超強，工作非常拚命，對自己非常嚴苛。她很瘦，不管晚上幾點發給她訊息、資料，她都會即時回覆。有時候開發表會，凌晨需要她修改檔案，都可以早上五點鐘到她家敲門。

那個時候她住得離我家很近，只是她住在豪華的外國人大樓，而我住在普通的公寓。週末的時候，她經常找我去她家吃飯。有一次，她帶我去新光天地吃飯，那個時候新光天地在我看來是一個非常昂貴的地方，一頓飯就要吃掉幾百塊錢，放眼望去都是奢侈品。那個時候我的薪水只有三千塊人民幣，每次吃飯都心驚膽顫，覺得欠她好多。每次逛街看她一擲千金的樣子，我都會想我什麼時候也能夠這樣花錢，想吃什麼吃什麼，想買什麼買什麼。

過了幾年，我也能夠在新光天地想吃就吃，想買就買的時候，回想起那些日子突然明白，工作其實是一件非常公平的事情，有什麼樣的付出，就有什麼樣的回報。別說什麼職場不公平，這世上沒有絕對的公平，但付出就有收穫的道理，無論到哪裡都行得通。

有人問我：「我找了個工作，起薪才兩千五百塊人民幣，不包吃住，你說這麼低的薪水我該去嗎？這點錢我該去拚命為老闆工作嗎？」

當年我實習的時候，以為轉正職薪水有六千元，結果只有三千塊，每年只加薪一千塊，到第三年薪水才六千塊。我記得有一個獵人頭公司找上我說：「從你們公司跳槽的人都不用面試，因為你們培養的標準就是這行最高的標準，我們獵人頭界都很放心。」為了這句話，我都會擦擦眼淚，收起沮喪的心情，踏踏實實的工作。現在回想起來，工作前三年，是職場最單純的時候，因為年輕，很多人不把你當競爭對手，對你毫無保留地關照與教導。這個期間回報你的可能不是薪水多寡，也不是賺一桶金，而是工作基礎與素養的累積。這些累積能夠讓你往後在工作路上走得越來越穩健，跑得越來越快，得到的經濟回報也越來越高。

雖然前三年工資低得可憐，但那也是我在職場最拚的三年。幾乎天天都要加班，誰找我吃飯都找不到。有時候是事情多忙不完，有時候是自己給自己加碼。公司線上網路培訓課程一門門去上，每一次分享都不缺席，工作上的每個細節都要弄清楚。我記得一個比我大一點的同事跟我說：「真羡慕你現在能這麼專心地工作，跟各方面的合作夥伴關係這麼好。我以前也這樣，但職位高了以後，慢慢就得做別的事情了，其實還挺想念以前的。」可以說，那三年省吃儉用，還要賺點稿費才能讓自己的生活有些餘裕，卻為我的職業生涯打下了最扎實的基礎，之後無論做什麼都非常輕鬆，遊刃有餘。三年之後，每次被挖腳的薪資真的都如獵人頭公司當年說的一樣，一次比一次驚喜。

現在我三十歲了，周圍很多同齡人都在這個階段呈現出不同的人生狀態。有的人依然為了生計疲於奔命，特別是有了孩子之後；但有的人卻平步青雲，在自己的崗位上越做越好，甚至在整個業界小有名氣；還有一些人辭職創業，也取得了不錯的成績。其實仔細觀察這些人，那些在三十歲左右擁有精緻而優雅生活的人，他們在工作上都非常拚命，每天都像喝了蠻牛的神經病一樣。他們熱情、好奇心強、眼疾手快、勤學好問，而那些平時懶懶散散、得過且過的人，他們的職場生涯會隨著年齡的增長，而變得越來越坎坷，甚至越來越不知所措。

很多人問：「這麼拚命地努力工作，難道不累嗎？需要這麼嚴苛對待自己嗎？」說實話，一！點！都！不！累！每天努力一點點，日子越過越輕鬆。年輕有體力的時候天天放鬆自己，等上有老、下有小的時候，你會累得找不到方向。

⑸現在的每一天，都是不進則退

這個世界就是有一部分人不停歇地改變世界，另一部分人醒來後發現世界變了。現在的每一天，對於每個人來講，都是不進則退。很現實，很功利。儘管如此，做白日夢的人依然很多很多，而且是大多數。

有時候回想一些事，特別感慨。

頭一胎生兒子的時候，想買進口紙尿褲，找個可靠的電子商店都難，找到了又不肯在春節出貨，我一點辦法都沒有，只能自己跑去超市買。等到生第二胎時，滿世界都是紙尿褲，上午下訂單，下午就能到。

以前聊天QQ是主力，現在微信的功能越來越強大，從聊天到內容分享，再到傳送各種格式的檔，一下子把其他軟體都擠到無人問津的角落。

這一切，不過兩年的時光而已。

而兩年間的我們，有什麼改變嗎？有什麼進步嗎？

有句話說得好，這個世界就是有一部分人不停歇地改變世界，另一部分人醒來後發現世界變了。

現在的每一天，對於每個人來講，都是不進則退。很現實，很功利。儘管如此，做白日夢的人依然很多很多，而且是大多數。

有時候觀察身邊那些進步很大的人，眼睜睜看著他們飛速向前奔，每天每刻的努力都看在眼裡，心裡著急、嫉妒，但自己就是沒行動。制定計畫的時候，從來都是信心滿滿，但執行三天就沒熱情了。到處問別人：「你說我該怎麼選擇？怎麼辦？」

誰真的知道呢？

網路上越來越多的人問：「我沒什麼能力和特長，請問我該怎麼最快實現財務自由？」說實話，沒人知道，問誰都沒辦法回答這種問題。只能說，不然你先學一些理財的基礎知識？結果還被評論：「回答問題不誠懇。」

類似的問題我也遇過，「我也想寫作，請問怎麼投稿賺錢，怎麼讓自己紅？」說實話，我周遭很多大小作者，前期都不是靠投稿成名賺錢，而是自己埋頭寫了好幾年，慢慢有了人氣，才有人來邀稿，有人來邀書，慢慢開始賺錢，成立自己的工作室等等。但這個答案顯然不會讓人滿意，因為看起來沒說真話。可事實就是如此，只是這個事實要花太久時間和太多苦功，因此「不誠懇」。

我特別佩服的兩個美女作家，一個寫作月入十幾萬，前提是每個月買書花好幾千，寫作寫到頸椎出毛病（當然，這個不鼓勵）。另一個的公眾號做得如火如荼，投資人絡繹不絕。她四點半起床寫作，每天打扮得體大方，精緻優雅。她們寫作到今天，除了很拚，還有很多年的堅持。現在很多人寫作就想著怎麼快速賺錢，快速竄紅，讓別人看見自己。可她們的這些辛苦你能否先做到一半呢？

她們即便已經成名成家，錢像雪片一樣飛來，依然每天孜孜不倦地管理公司，每日更新文章，每天都在進步。

而我們大多數人只是看著她們越來越紅，做著自己的白日夢，不進則退。

我的一個同事，讓我印象很深刻。

兩年前我們都在做一樣的工作，一起開會，一起執行，一起跟客戶聊天打屁。這兩年來我結婚生子，重心放在寫作上，工作一直不慍不火，不好不壞。同事倒是相反，天天用匠人精神努力學習，不斷督促自己做事，沒事也要找點事。兩年後的現在，我辭職了，她升職了，把我遠遠甩在後面。

這兩年，我們都在一起，座位也在隔壁。我眼睜睜看著她一步步往前走，也看著自己在職場中靜止不前。「不進則退」這四個字啪啪打臉。

市面上的書籍越來越多，資源越來越多，甚至免費的也越來越多。各種網路名人分享、大咖講座，一場接一場。我們把微信文章都收藏起來，卻再也沒有翻出來過；我們報名參加各種講座，但時間到了還在外面閒晃；我們聽了很多名人名言，勵志警句，道理都懂，但越活越糟糕。

道理誰都懂，但都做不到，每天到處找有沒有什麼捷徑、祕技，不僅一無所獲，反而錯過了最好的時光。

⑹想到還有那麼多錢賺不到，就急得睡不著覺

我們都覺得世界那麼大，那麼精采，都想要在未知的旅途中看到新世界。可是，你自己一公分都沒移動過，哪裡會有新世界。生活本來就是一成不變的，重要的是自己要去求變，這樣才能看到不一樣的世界。

每次發了關於賺錢的文章，就有很多人問：「我也想下班後賺錢，我也知道錢很重要，問題是怎麼賺錢呢？」

每個人都想賺錢，但你有賺錢的本領嗎？如果沒有的話，你去學了嗎？俗話說，知識就是金錢，知識都沒有，那錢也賺不來。想到那麼多錢賺不到，你能睡得著嗎？

想到還有那麼多東西沒學，急得根本睡不著

有天半夜看書，讀到了古典老師的一篇文章，其中提到如何利用「斜槓」（slash）

技能來賺錢，文中是這樣寫的：「如果是想把斜槓當作一項自我投資來對抗未來的不確定性，那麼就應該選擇那些有投資價值的技能來學習，即使你此時對它還沒有任何興趣。」

這句話我特別有感觸，大半夜的把我打醒了。

就拿我自己來說，剛辭職的時候我活得很封閉，每天都在家待著，寫寫文章、看看書。市面上有什麼流行趨勢也不怎麼看，還覺得待在自己的小世界裡挺好的，安全、穩定、與世無爭。

二〇一五年年底網路課程開始流行的時候，我不僅在公眾號上介紹，也自己買來學。沒有大塊的時間，就用零碎的時間學，經常半夜起來餵奶也學個半節課到一節課。透過這些課程和網路專欄，即使沒有出門，視野也開闊了許多，腦子像是被刷新了好幾輪，每天都有學到新東西的成就感。

這些新東西每時每刻都運用到我的新工作中，即使沒有立刻讓我賺到錢，但把知識內化儲備的感覺非常好。

每次看到手機裡還有那麼多課程沒上，那麼多東西不知道，我就急得根本睡不著。每當自己的世界觀被大咖們的言論刷新，自己陳舊的觀點被講課老師的新觀點衝擊，就感到自己思想的巨輪不停地向前翻滾，根本停不下來。

這種感覺棒極了。

走出門，與人見面，聊點有用的

我曾在朋友圈發過一條消息，說希望新的一年能每週至少與兩三個人見面聊天，目標一年能見到一百個人。

為什麼有這樣的計畫呢？因為我不愛說話，不喜歡跟人見面。一般人約我五百次都約不出去，超過三個人的聚會我絕對不去。

我一直覺得這是一種自我保護，並且覺得個性如此，不必改正。直到辭職後才發現，我離外面的世界越來越遠了。

有時候很羨慕別人能夠談天說地，畢竟最好的交流方式還是面對面，這樣不僅能聊得更加痛快，也能激發新的靈感和想法。

以前參加一個IP訓練營時，雖然因為自己要照顧孩子所以參與得不多，也幾乎不講話，但我一直在觀察大家。在這個社群裡，每個人都有現實世界裡的身分，也有自己擅長的部分。大家在社群裡透過各種活動相互認識和熟悉，並且延伸到線下聯繫，向對方學習擅長的東西，從而提高自己的能力，進而達到賺錢的目的。

大部分人喜歡守著自己的地盤，不讓別人進來，也不出去看看別人，以為這樣就能固守城池，安穩舒適。但如今人們都喜歡分享，儘管分享的背後是借力。一個人不可能什麼都會，因此，邀請他人一起合作，才能更好地把自己的潛能激發與實現。

跨界，才能發現從沒見過的自己

我做了八年行銷，最喜歡的是跨界合作。

兩個八竿子打不著的品牌，因為品牌老大的堅持非要湊在一起，表面上看起來毫無瓜葛，但一碰撞總會有新的火花。比如，科技可以融入餐飲業，為餐廳帶來更快捷智慧的服務；美食可以融入科技，替科技帶來出自味蕾的色彩和召喚。這是我最喜歡做的事情。

人也一樣。我們總是在自己的小世界裡思考，自己究竟喜歡什麼，可能想個十年也沒結論。不如放手去試試，做做自己從沒有做過的事情，穿穿完全不是自己風格的衣服。有時候你會發現，原來自己還有這一面，也能擺這樣的Pose，也能做出這樣的感覺。

人只有在不斷嘗試中才能發現新的自己，以及新的人生機遇。當一個人身上擁有更多不同元素時，就比僅有單一競爭力更具吸引力。

人越大就活得越封閉，因為一直守著自己的小世界不肯離開，也不敢離開。從不跟除了朋友以外的人交流，長時間往來的就是那麼一夥人。總說看不到新事物，過著一眼就能看到退休的生活。想要逃開，卻無處可逃。我們都覺得世界那麼大，那麼精采，都想要在未知的旅途中看到新世界。可是，你自己一公分都沒移動過，哪裡會有新世界。

生活本來就是一成不變的，重要的是自己要去求變，這樣才能看到不一樣的世界。

每個人都想要知識變為收益，但前提是你有知識。

打開自己，放開思路，伸出手握住別人的手，你才能看到廣闊的天地。

一個朋友曾說，自從上了各種課程，比如我推薦過的付費課程和專欄，才發現天外有天，自己以前活得太狹隘了，與他人高下立現。以前成天抱怨，現在後悔為何浪費了那麼多時間。

遇到能看看外面世界的機會，有人認為這跟我沒關係，煩死了！有人認為這個我不懂，我為什麼不試試看？

不需要太久，差距就產生了。再過三年，人生的距離就無限擴大了。

態度決定結果，格局決定人生。

⑺曾經進了一個社群，快要被嚇死

留學的孩子漸漸回來了，比你小、比你神、還是富二代的孩子也都回來了。他們比我們刻苦努力，比我們有更多的資源、人脈、視野、經歷，你以為這還是一個有錢當道的世界嗎？

曾經進了一個社群，有關國際學校的家長社群，我進去的第一天就被嚇死了。以前知道國際學校對孩子的成績要求很高，但不知道這麼高。比如幼兒園招生的要求是父母英文流利，小學的招生條件是孩子英文流利，小升初的要求是孩子要考托福（TOEFL）和 SAT。有孩子已經被錄取的家長在社群裡成了紅人，大家紛紛諮詢面試的標準，有什麼相關的題目，英語成績的要求有多高等。有一個孩子小升初的家長說：「我孩子現在四年級下學期，只有一年多一點點的時間準備托福和 SAT，簡直想哭。」大家紛紛向孩子只有一歲的我投來羨慕的眼光，說我起步早、困難少，他們都覺得從小學或者初中才讓孩子讀國際學校太晚了。

有個孩子在北京某著名國際學校讀書的媽媽，大家問她孩子學習的成果，這位媽媽平靜地說：「我兒子目前讀小學二年級，英語程度去美國可以幫我當翻譯，中文我們從小也都培養，入學主要看各種專長，現在學校也有各種才藝班。目前上的是海外班，全英文教學，第二外語每週也會有二十小時的課程……」

我的天，現在孩子都這麼厲害了……

公司社群裡經常會有人推薦實習生，隨便打開簡歷，男的都帥得不行，女孩都能直接出道，學業背景清一色都在國外，有些孩子的背景閃閃發亮到我們都覺得他應該去投資銀行啊，幹嘛來我們公司？前年我招了一個實習生，大學是國內學校，大三開始休學，去國外農場打工換宿，之後在當地飯店做了一段時間的餐飲部領班，然後去美國帶一對老夫婦旅遊了一大圈。這麼一趟下來，英文自然沒問題，而我們恰好在做一個飯店的案子，自然就錄取了她。之後發現，經歷豐富的她，眼光、視野、創意都特別好，還很踏實肯做事。我們的實習薪水還不夠她在北京租房子，不過她還有別的本事，同時做了幾個兼職，收入不少。

前幾年在媒體朋友那邊實習的一個小男孩，畢業於北京一所公立高中，十六歲就被美國一所名校錄取，每天洋洋得意沒事做，就找了個媒體公司實習。同時還在自己的高中開了一堂電影課，替大家上電影分享課程，並且集結了幾個已經保送的同學一起製作了一部有關青春期的影片，是中國第一檔由中學生自編自導的影片。我認識他的時候，他在朋友的媒體公司實習，見人就點頭彎腰地叫：「老師好，老師好。」雖然才十六歲，感覺很成熟。後來他去美國上學，我看過幾次他的微博，留過言，感覺他在美國過得如魚得水，他每次都很尊敬地叫我趙老師。

哎，幸好自己早生了幾年。

前段時間在哈爾濱演講，席間有同學問到社會競爭力的問題。我說，留學的孩子漸漸回來了，比你小、比你神、還是富二代的孩子也都回來了。以前他們沒有加入我們普通人的競爭，但現在他們不僅加入了我們的競爭，還比我們刻苦努力，比我們有更多的資源、人脈、視野、經歷，你以為這還是一個有錢當道的世界嗎？早就不是了。

國際學校社群裡，哪個爸媽沒有錢？但有錢就能把孩子送進自己心儀的好學校嗎？縱然一年三四十萬的學費，但成績不好，沒有專長，爹媽英文不夠好，背景不夠強的依然進不去。以前都以為國際學校有錢就能進，但實際上這裡是更高端、更激烈，甚至更加公平的競爭。迎接他們的，可能是我們從來沒見過也沒經歷過的世界。

世界已經變成這樣了，後輩們正在挑戰我們根本沒見過的內容，無知的我們還在拖拖拉拉地戒不掉拖延的毛病呢……

我一直在上一個英文口語課，前陣子推薦了一個小朋友，我們共同跟一個老師。第一節課結束後，老師問我：「妳推薦的那個同學，英文口語已經很好了，她為什麼還要來跟我學呢？」

我也不知道該說什麼，只是覺得，比我小，比我神，比我有錢、有勢、有資源的孩子們都已經拚成這樣了，我還有什麼資格天天做什麼不會，吃什麼不夠呢？

⑻玻璃心，是因為你太閒了

習慣了忙碌，自然就沒有時間和精力為小事嘰嘰歪歪，沒功夫跟誰吵架，沒有閒情逸致躺在床上回味今天誰對我不好，誰踩了我一腳，我是不是說錯了話，得罪了誰。

我經常會收到大篇的留言，但我基本上都沒有回覆，因為完全不知道該怎麼回覆。

每一則長篇的留言，都講述了一段糾結於心的故事，比如我家的狗被咬了，對方說了什麼、做了什麼，我心裡還是不舒服怎麼辦？同事上班說了句什麼話，妳說她是不是對我有意見？主管家孩子今天去公司白了我一眼，妳說是不是主管在家說我壞話了？我自從生了孩子以後，婆婆老來我家看孫子，我覺得她就是想跟我搶，妳說我該怎麼辦？

每次看到這種留言，客觀來說，我根本不覺得這有什麼。如果這都要在意，那真的是有點玻璃心了。

曾經參加過一個活動，主持人問我：「看妳一路那麼拚命又充滿正能量，妳的生活裡就沒有什麼苦惱嗎？」

我一點都沒拚命啊，我正常的生活狀態就是這樣。起床，上班，下班，回家帶孩子，孩子睡了以後看書、寫作，有時候還要上一些網路課程，週末去上課，以及帶孩子出去玩等。遇到緊急的事情就需要加班。我每天都是這樣生活，周圍的人也是，大家都挺忙的，這是一種習慣，也已經習慣。

習慣了忙碌，自然就沒有時間和精力為小事嘰嘰歪歪，沒功夫跟誰吵架，沒有閒情逸致躺在床上回味今天誰對我不好，誰踩了我一腳，我是不是說錯了話，得罪了誰。我大部分時間都在想：哎？什麼事還沒做完，地上這麼多新書還沒看，兒子的學費還沒交，英語課好久沒上了，我覺得我的生活裡都是忙不完的事。當然，這也是我的苦惱。

至於周遭的人如何看我，有沒有人暗地中傷我，有條狗在我腳邊拉了屎，同事今天說了句奇怪的話什麼的，我完全不在意，也沒時間在意。如果你不幸知道了，心裡不舒服，那就不舒服好了，沒事別千百次地回味，有這個時間不如做點有意義的事，或者睡覺也無所謂。

人一閒，就容易想東想西，特別是長期宅在家裡或者過著兩點一線的生活，非常容易鑽牛角尖，想著想著就覺得一件小事越來越嚴重，自己的整個世界崩壞了，感覺活不下去，超憂鬱。

曾經有一個理論是，我們擔心的事情百分之九十都不會發生，都只是我們自怨自艾的想像。無論發生什麼事情，人們總是下意識地往壞處想，想到這件事情最糟糕的可能性，把自己嚇得半死。但過了一段時間你會發現，你的擔憂根本沒有發生。我以前也是這樣，出門擔心沒關瓦斯爐，然後就想鍋子會燒乾吧，還可能會失火，失火的話，我家隔壁也會燒起來，萬一遇到易燃物，那整棟樓都會爆炸啊！天哪，本來好好地去公園散心，結果心情格外沉重。

知道這個理論之後，每次遇到擔心的事情，我都會下意識地告訴自己，百分之九十的擔憂都不會發生，不用擔心，有時間就找事做，別閒得沒事胡思亂想。隨便出去走一走，不用走遠，就去超市買個東西，菜市場裡買個菜，跟朋友出去吃飯，你會發現自己苦惱的小事根本微不足道。

很多人說，我不想讓生活那麼忙碌，也沒什麼偉大志向，我想要從從容容地過日子就可以了。其實人閒下來也挺難受。比如，我有段時間身體不舒服，大部分時候都躺在床上休息，但也不能二十四小時都閉著眼睛睡覺，只好想辦法找點事情做。看書、寫文章，但體力不太夠；那看電視劇吧，看一會兒也累了；那出門買個菜吧，卻拖拉半天沒出去；抱著手機跟朋友聊天，但大家都挺忙，週末也沒什麼人理我。一整天東摸西摸地到了晚上，該睡覺了，回想一天什麼都沒做，浪費了一整天大好時光，挺有罪惡感的，覺得自己這樣做太不對了，於是情緒開始低落……再拖一陣子就會覺得自己真沒用，再想一會兒就會憂鬱了。

有句話說，忙是治療一切精神病的良藥，一忙，也不傷感了，也不八卦了，也不花痴了。平靜的臉上無怒無喜，看過去只隱隱約約地寫了一個「滾」字。

這句話特別中肯，送給每一個玻璃心的你和我。

⑼趕快起來工作，你看你把自己寵成什麼樣子了？

所謂的拚，真的是一點點熬出來的，沒有什麼刀光劍影，也沒有什麼火光四濺，就是一點點熬著。有句話說，所有的偉大都是熬出來的。

有一次請通乳師張老師來我家，她進門見到我就說：「兩個孩子了，妳得多拚一拚，不拚怎麼養兩個孩子？」

我聽了有點驚訝，凡是認識我的人，見我的第一句話通常是：「妳好好休息休息，別那麼拚，錢賺不完。」

這是第二次有人勸我，妳還年輕，趕緊努力，趕緊拚命！挺震驚的。

第一個勸我的人是老高，是我的老同學，現在在日本做代購。老高比我還拚命，經常出貨出到凌晨三點。我們經常在微信上相互鼓勵，她總跟我說：「老趙，睡什麼覺，起來工作，賺錢！」

言歸正傳。

張老師是通乳師，每天不論颳風下雨地去替產婦按摩通乳，雖然賺得快，但都是需要勞力的工作。張老師住在河北的燕郊，大概離北京市中心三四十公里，每天五點起床出發進城，晚上經常坐最後一班車回家。她每天出門和到家都發信息給朋友，順便為自己加油打氣。

張老師是到府服務，也就是說，客戶只要提供地址，她便自己坐公車去。熟悉北京的人都知道，北京光城區跑一條對角線就要兩個小時，更別說市郊了。由於張老師還兼做汗蒸等服務，因此經常要帶大型工具在馬路上奔波。餐無定點，工時也不確定，都看客戶的身體狀況而定。

這樣的張老師已經快六十歲了（雖然我看她外表挺年輕的）。

張老師沒讀過太多書，但是執著，做通乳這行十幾年，現在已經是特級通乳師，預約都排到兩三天後。人俐落，技術好，手到病除。她跟我說：「什麼叫拚命？妳看我，快六十了，還是每天挨家挨戶跑。不論路途遠，或是病難治，都要應對。我們都是一點一點每天拚過來的。前段時間我的腰椎間盤凸出，休息了四個月，難得的休息。我這份工作，全年無休，每天十幾個小時，有時候客戶半夜突然塞奶也要出診。」

我跟她開玩笑說：「張老師這錢賺很多！哈哈哈！」

她說：「再賺錢也沒你們好，你們有知識，我們全靠體力工作，拚著一口氣。等年紀大了就做不動了，更要趁能做的時候多努力。你們年輕，得拚。」

那天她在我家待了兩小時，反覆說了這麼幾句話，我挺感動的。我們總覺得要勵志、要找榜樣，其實榜樣就在我們身邊。他們可能教育程度不高，可能並不善言談，可能沒人注意他們，但卻足以讓你振奮。

一個快六十歲的人都能這麼努力、這麼拚命，你天天抱怨什麼辛苦呢？不說別的，像張老師這樣每天早晚奔波，讓我空手跑一圈我都累得半死，何況還要工作，還要帶著沉重的工具，還要全年無休？

這個城市，從來不缺比我們拚命的人，只是有時候我們假裝看不見罷了。

這個城市，從來不缺讓我們打心底佩服和心疼的人，只是我們太寵自己了。

朋友來我家說：「老趙，妳這身體太好了，看起來哪像剛剛生完孩子啊！而且還是剖腹產！妳整個人就像沒事一樣啊。」

其實不是，我也累，也睏，也虛，但你看，周圍那麼多人優秀又拚命，讓你不得不警覺，自己哪能這麼一天天躺著，閉著眼睛藉口生了孩子就睡大頭覺呢？

就像張老師說的，所謂的拚，真的是一點點熬出來的，沒有什麼刀光劍影，也沒有什麼火光四濺，就是一點點熬著。有句話說，所有的偉大都是熬出來的。看多了電視劇和小說，總覺得努力拚命是個很美好的詞，充滿了奮鬥和熱情，特別振奮人心。但只有身在其中的人知道，「熬」是一件多麼痛苦的事情。

其實生孩子能讓人開闊視野，因為透過這件小事，我認識了許多特別努力的人。比如，高度警戒待命的醫護人員，一年不休息的各種產後護理人員（如通乳師、汗蒸師等），一熬就是一整月的月嫂。她們好像都是很平凡的人，平凡到生完孩子就可能通通忘掉，但也同樣有很多精神值得我們學習，並不是只有雜誌封面上的菁英才算勵志。

很多人說我寫的故事肯定都是假的，他們周圍怎麼沒那麼多勵志的人，怎麼都跑到我身邊了？不是沒有，是你不想看，所以看不見。

寫這篇文章的時候，我經常替兒子買衣服的商店客服人員還在線上。她有點難過，因為自己粗心弄錯了庫存，讓一個客戶生氣了。此刻已經凌晨一點，她還在倉庫裡一件件衣服清點。我要她趕緊回家，明天再說吧，反正老闆出差去了。她跟我說：「這是我粗心造成的，我得改。我每天都差不多這個時間才回家，不用擔心。」

她在上海，偌大的城市，可能沒人知道她，連她老闆可能都不知道她會在倉庫加班到凌晨。可是，總有些小小努力的心，在我們所在的城市裡跳躍。年輕，努力，勇敢，不服輸，勇於認錯……，她就像曾經的我，倔強地自己跟自己挑戰。我能想像，當她終於走出公司，在閃爍的霓虹燈下走在回家的路上時，雖然孤身一人，但內心一定充滿著希望和力量。就像每個大大小小的城市裡奮鬥的人們一樣，都在拚，都在不停地奔跑。

⑽大部分人努力的程度，根本不用擔心什麼過勞死

如果每個人都能把自己的努力狀態多持續哪怕三個月，就根本不會為自己的生活感到茫然，也不會為自己賺不到錢而困惑。

每次發文提到努力工作學習，就有人來問：「那麼努力工作學習，身體搞壞了怎麼辦？不是有很多人因為太過拚命過勞死了嗎？身體壞了可是得不償失啊。」

每次看到這樣的問題，我都很想說一句：「你想多了。」大部分問這樣問題的人，根本還沒開始努力，就先擔心過勞死了。

想一想，我們大部分人的日常生活是怎樣的呢？

上班不遲到就不錯了，一年兩百多天的上班時間，又有多少時間你是認真努力又拚命呢？下班之後走走逛逛，回家吃個晚飯，看看電視，洗漱一下就睡覺了，週末又是逛街、購物、約會和朋友聊天。

這樣的日子可能很多人覺得頹廢，應該努力一點。那麼，大部分人的努力是什麼

樣子呢？

可能今天看了一本書，明天跑了一圈，後天做了一會兒瑜伽，大後天聽了半小時的講座，就覺得自己很努力了。如果這種狀態能夠堅持一個禮拜，就恨不得發訊息給朋友，告訴全世界，自己真是太辛苦了。

要是哪天看到新聞報導說某某人因為工作太拚命猝死了，就開始感嘆，自己是不是應該多注意一下身體，不要這麼拚命了，於是又回到原來的狀態：吃飯、睡覺、上網。等有一天看到別人因為努力工作升職加薪，成為人生大贏家，又發誓自己明天開始努力！

你是不是也是這樣？

所以，能成為人上人的人總是少數。如果每個人都能把自己的努力狀態多持續哪怕三個月，就根本不會為自己的生活感到茫然，也不會為自己賺不到錢而困惑，更不會覺得別人努力很勵志，因為你自己就是個勵志故事啊。

我身邊有很多拚命的人，他們是怎麼拚命呢？在我看來，我都不及他們的十分之一。比如，投資銀行的朋友一天工作十八小時，當然這麼長時間工作，確實算過勞的高危險群，但一般人的努力程度連他們的九牛一毛都沒有，你擔心什麼呢？今天我跟朋友談到，等我過段時間生孩子，公眾號可能就要暫停更新一個月吧，朋友說：「不會的，妳看某某剛生完孩子，她生的前幾天還在寫，生完兩週又開始寫了。」當時我跟她開玩笑說：「妳真是喪心病狂，一直逼我。」可見周圍比我們努力的人很多，他們身體都搞壞了嗎？他們都性命垂危了嗎？而你的努力，又有他們的幾分之幾呢？你擔心什麼呢？

當然，不可否認的是，每個人的身體條件不同，承受力和耐力也不一樣，你要是連續每天看十頁書就倒下了，那你的身體確實不太好。但你還有一個撒手鐧可以守護你的健康，那就是健身。

提到健身，我們又是什麼態度呢？在國外，健身和做日光浴是常見的休閒活動，在國內，癱在沙發上是大部分人的休閒活動。好不容易立志去健身，人還沒進健身房，就先去買一堆健身器材，下載一堆健身的 APP。真正到了健身房，再去報名一些課程。但是認真、按時、充分利用健身卡，一週去三次，堅持一整年的，有多少人呢？所以，你以為健身房那點年費能賺多少錢？還不是賺大部分辦了卡熱血三週，消失一整年的人的錢？

如果你真的天天去健身房跑步，認真地上每一堂課，那麼你不需要羨慕別人的馬甲線，也不用尋找減肥方法，或看別人的減肥分享文了；而健身房遇到的若都是這樣堅持到底、不放棄的人，那它早就倒閉了。

有同學說，那些拚命的人都熬夜，可是熬夜等於自殺，我若是晚上熬夜，第二天上班整個人都沒精神。這句話非常對，熬夜不可取，可是你可以選擇早起啊。那麼多早起團打卡什麼的你參加過嗎？早晨五六點出去跑步你有做到嗎？說自己很能睡什麼的，那沒辦法，努力和健康比起來，你還是多睡覺吧。但從我個人的經驗來看，如果心裡沒什麼目標，也不健身鍛煉身體，一天到晚懶散什麼都不想做，當然會很想睡覺。

事情還沒開始做，就擔心這個擔心那個，恨不得給自己鋪一條絕對完美的成功之路，還要擔心會不會太累，你怎麼這麼愛惜生命呢？哪有那麼好的事呢？你覺得有，那你就慢慢等吧，等到地老天荒，等到人老珠黃，看著別人從你眼前光彩奪目地走過，反正你不急。

微博上有個網友說，他老師說過一句話：「腦袋是累不壞的。」說得對極了，但是腦袋是可以閒傻的。

抓緊時間，多學習，認真工作，多讀兩本書，就會讓你過勞死嗎？大部分人的努力程度，根本達不到傷身體的程度，何況你還可以健身鍛煉啊。

最重要的是，不加班、不學習的時候，你真的早睡了嗎？

⑾你說不想要一眼看到老的生活，可現在三十歲的你已經死了

看一個人說話做事，就能大致看到這個人的未來。人與人之間最大的差異，其實不是努不努力、時間用得多寡，而是思考方式和方法，年紀越大越是這樣。

千萬不能找全職媽媽

以前一個做母嬰產品創業的朋友，拜託我幫忙招幾個人。她的孩子跟我兒子一樣大，當時才一歲半左右吧，而她已經創業一年了。因為是母嬰產品，我建議她找全職媽媽。因為很多全職媽媽孩子上了幼兒園，白天就沒什麼事了，也正好想出來工作，對她這個領域也熟悉，非常合適。但沒想到她說：「千萬不能找全職媽媽。」

她跟我解釋說：「之前招聘過不少次全職媽媽，很多媽媽面試的時候說得很好，內心也有很多理想，想讓自己跳脫家庭，做點大事，但真的都只是嘴上說說而已，她

們已經忘了什麼叫工作，什麼叫上班。

「很多全職媽媽孩子上幼兒園後自己沒什麼事了，但心理上調適不過來。上班遲到，下班早退，中間隨便找個理由就離開了，晚上絕對不會加班，哪怕只有一小時，只要下了班，電話永遠聯繫不上。也沒什麼好奇心，遇到新東西也不學習，只說一句不會做就扔下了，或者嫌麻煩就不想做。她們確實跳脫家庭，都來我這裡聊天喝下午茶了。」

給我介紹點好工作

前幾個月朋友跟我說想做點事，家裡剛買了位在學區的房子，缺錢，身邊朋友也是天天哭窮，嚷著要做點什麼事賺錢。我一聽是為孩子買房，非常感同身受，所以從此遇到合適的機會都直接給他，很多工作本來有更好的人可以介紹，但想到他缺錢，就毫不猶豫地給了他。

前幾天他又打電話給我，問我能不能介紹點好工作給他。我問他什麼叫好工作？他說：「妳之前介紹給我的那些，都不太合適。要嘛是客戶什麼也不懂，要嘛是時間短、工作重，要嘛是剛好我也忙。前幾天那個客戶找我的時候，我陪我老丈人打麻將呢，妳說大過年的，我不能不給老人家面子吧。有沒有那種不太累，但錢挺多的工作，介紹給我？」

我跟他說：「你這要求是全世界員工的希望啊，要是有，麻煩你也介紹給我。」

畢業的時候，很多人都哭著喊著要工作；要精采的人生，最怕過上一眼望到老的生活。每個人都說，不想要穩定的生活。那個時候，你以為自己只要奮鬥幾年就能飛黃騰達。小城市的人嚮往大城市的繁華，小公司的人嚮往大公司的前途無量。你掙扎，你反抗，你不同意家裡給你安排的穩定工作，你不想要一眼就能看到老的生活。

然而，等到三十歲的時候，青春過去一半，你才發現——

這個社會太現實了，自己努力七八年，還不如別人一張嘴甜得到的多；

非國營事業的工作風險太大了，累得像狗卻休個產假回來就沒職位了；

每一年過得都不知道下一年還有沒有錢賺，一辭職昔日的合作夥伴就不認識你了。

所以，你開始覺得自己並不熱愛工作，社會也不公平，沒必要這麼拚命了，反正最終的結果都差不多，萬一太拚過勞死了呢？於是——

你學會了投機取巧。

你學會了只按老闆和客戶的喜好做事。

你沒有了自己的個性和嗜好。

你沒有了好奇心，還鄙視別人花時間學習。

你下班後只會玩手機和買東西。

你再也不會也不想有自己的想法，你再也不想去鑽研和努力。
遇到房價飆升、物價上漲，你習慣性地抱怨和吐槽兩句，或者在網上發洩一下。
你把所有的希望都放在孩子身上，希望他是個神童，考高分，考好學校，別讓自己操太多的心。

但你自己，卻懶洋洋的什麼都不學，讓你付出點什麼，你就擔心全世界都要騙你。

同學會的時候，看到別人風光無限，看到別人妻美兒乖，你羨慕嫉妒恨，回來發誓要做點什麼。結果想了一晚上宏偉志向，你發現自己竟然毫無所長。昏昏欲睡中，你忘記了這一切，明天早晨起來，你依舊是以前的你，沒有好奇心，不求思進取，安逸地生活在自己的小世界裡。

三十歲的你，已經死了。

三十歲之後的生活，只是不斷地重複同樣的日子。

三十歲是一道分水嶺

三十歲是一道分水嶺，那些優秀的人像坐上了飛機，直沖雲霄；剩下的人一天天熬著，彷彿用盡了半生的力氣，卻什麼都做不出來。

有天晚上跟一個朋友討論一門網路課程，因為主講人是個學霸，所以我們一直在聊學習的話題。在交流學習心得的時候我們談道：看一個人說話做事，就能大致看到這個人的未來。人與人之間最大的差異，其實不是努不努力、時間用得多寡，而是思考方式和方法，年紀越大越是這樣。一個人的成就，大多源自於他的格局和視野，再加上勤奮和努力。如果一個人兩者兼備，就能超前別人十萬八千里。

就像我們追求的生活，一部分人認為只有不斷努力進步，才能過上有保障、穩定的生活；也有人認為得過且過，當一天和尚敲一天鐘挺好。

當年我們都說不想要一眼看到老的生活，結果沒幾年都過著這樣安逸的生活。不僅僅是穩定，而且還是安逸！

朋友曾與我聊天說道：「我們這個年紀，上有老、下有小，自己的日子也不好過。如果在三十歲的時候，經濟、知識和能力還沒有扎實基礎的話，後面的日子真的很難過。社會很現實，三十歲之後的人生更現實。成功了，當年忘恩負義的白眼狼都回來找你；失敗了，你身邊連個說話的人都沒有。」朋友之間有句話讓我深思：「人生因為堅持而熱愛，而不是因為熱愛而堅持，大部分人心裡想做點事，最終卻都選擇了安逸的生活。」

你呢？

⑿混日子的人，有什麼資格說每天工作十八小時的人賺錢容易？

有人精通理財玩轉金錢，可你連看本理財書的耐心都沒有。抱怨的時候想想自己都做過什麼努力吧？

有次跟朋友吃飯，無意中聊起家人這個話題。朋友說自從來北京打拚，在老家的親戚都覺得她一定很有錢，而且賺錢很容易。每次回家都有意無意地提到錢，或者每次付錢都等著她，就連用舊手機都被吐槽：「賺那麼多錢也不會買個新的。」上次朋友的姨媽專門打電話來，要她送個 iPhone7，說自己從來沒用過蘋果手機，聽說現在很夯。朋友剛買了一間小套房，自己都快吃土了，於是拒絕了。姨媽很生氣地說：「妳賺錢那麼容易也不知道孝敬妳姨媽，小時候真是白疼妳了。」

朋友很傷心，感覺自從來了北京，來到了所謂的大城市打拚，自己跟老家的家人關係越來越遠，遠到回家說話都難。順著他們說，別人覺得你假；按照自己的想法說，大家又聽不懂或者覺得你假正經。自己的親戚們一輩子工作就只是混口飯吃，下班就吃飯、看電視，十點上床睡覺都覺得太晚。而朋友在北京每天工作十八小時，才能勉強完成自己的目標和工作。當然，朋友這麼拚，一來為了賺錢，來大城市打拚不就是為了賺更多錢嗎？二來城市越大，越覺得自己淺薄，學得越多，越覺得自己不懂的太多，所以拚命地努力。

朋友的收入在這個城市生活一點問題也沒有，但一遇到買房這種大事，錢賺再多的普通人也不敢說自己沒有一點壓力。朋友剛在四環買了一間小套房，因為前屋主裝修過，所以朋友直接入住了。偶爾在房子裡拍個美美的自拍照，再美圖秀秀一下，讓人看起來覺得精妙絕倫。而這些一發到朋友圈裡，就被遠在老家的親戚們當作「賺了大錢」與「這麼快就買房，一定賺錢很容易」的證據。可在這個城市裡賺得多，花得也多，而且賺錢的數字跟睡眠時間成反比，跟努力程度成正比。一輩子上班聊天、下班看電視、週末打牌的親戚，可能從來沒體驗過這樣的生活吧。因此每當朋友說自己很辛苦的時候，親戚們總是說：「我們上下班日子過得也很辛苦啊，只是沒有妳那麼好命罷了，妳賺錢多容易啊。」

可什麼是好命呢？什麼是賺錢容易呢？就是一天工作十八小時地拚命，比天天吃吃喝喝混日子的人賺錢多，就是好命和容易嗎？

朋友接著說，她前陣子買房的時候，東拚西湊還借了錢才湊到頭期款，已經是自己全部的積蓄了。嫂子聽了後跟她說：「妳真有錢啊！妳都在北京做什麼啊，有沒有我能做的，讓我跟妳做吧？」

朋友實在忍不住說：「我每天工作十幾個小時，沒有節假日和週末。從早上起來到晚上躺下，中間都不休息、不睡午覺。壓力大，強度高，好幾年沒開過電視機了，這種日子妳能過嗎？」

朋友覺得很委屈。她好想說，上次中午打電話回家，想找嫂子要個電話號碼，打了三小時都找不到人。後來接通才知道，全家都在睡午覺。朋友從讀幼稚園開始就沒怎麼睡過午覺，以前是睡得少，現在是忙得沒時間睡覺。中午能睡三小時的嫂子，怎麼會知道自己賺錢的辛苦和不易呢？可這話又該怎麼說出口？

其實大部分人都一樣，看到別人賺錢多，自己會眼紅，覺得自己也挺努力的，但就是沒有別人錢多。到底為什麼呢？肯定是因為別人有門路，比如有乾爹，有投資人，有什麼伎倆，或者老公／男友超有錢，肯定是這樣，否則憑什麼比我有錢呢？沒人願意想想別人可能付出了更多的時間和精力，甚至付出了超出你想像程度的努力。總覺得自己不可能做到的事，別人也一定不可能。看他們也天天晒吃喝玩樂的照片，那麼有錢，他們都做了什麼呢？怎麼賺錢那麼容易？

每次看到昔日老友今日都一個個飛黃騰達，我也會心酸，但也會記得，他們之中有人中斷工作去國外求學，所以今天回來當了副總裁；有人沒日沒夜地拍影片，每個細節都要盯，所以成了知名導演。這些苦功你都下不了，這些辛苦你也不會去嘗，就像有人能關照到身邊的每一個人，給每一個幫助他的人發紅包，謙虛地學習，你卻自我封閉、覺得自己最好；有人上班做工程師，下班寫小說好幾年，而你下班都在看娛樂八卦；有人精通理財玩轉金錢，可你連看本理財書的耐心都沒有。說到底，都是自己做不到，既然做不到，就只能眼紅別人比自己得到的多，抱怨的時候想想自己都做過什麼努力？別人做得再不好，但別人下過這分苦功，就比你強。

這世上沒有容易賺的錢。我的朋友老高做代購，人人都覺得不就是買了又賣，去郵局打個包嗎？出貨量這麼大，客戶多得數不清，一定賺翻天了。實際上呢？老高一個人做代購，做到成為一個大區的最大代購商，買貨、賣貨、發貨都是自己一個人，還要處理各種奧客售後問題，幾乎是腳步不停地工作。大家都說老高身材好，其實是累出來的。她跟我說：「我媽在國內幫我買房，我把人生第一次賺到的二十萬補貼給她，卻發現二十萬還不夠買個車位。那時候才知道，我從小生活優渥的背後，我爸媽有多辛苦。」

那些生意人看似一票能賺幾百萬，但他們周旋在酒桌上喝到胃出血的時候你看到了嗎？當年微博段子手們發一條微博賺十多萬，誰都不知道他們經常為了想一個創意想到頭髮都快拔光了。就連做早點的雞蛋灌餅攤販，很多人說三塊錢一個，一早上賣一千個的話，一天就能賺三千塊呀。但你知道一個小灌餅攤販，需要三點起床和麵，四點出發，五點開始搭棚子，然後賣到上午十點嗎？這個時間我們可能還在做夢。別說他們下午可以睡覺休息，那你來做，不行就別亂說話。

⒀你討厭的並不是單調的生活，而是失敗的自己

我們想要的並不是有趣的生活，而是擁有成就感的自己，可是成就感的前提是需要付出很大的辛苦，而這個付出辛苦的過程，就是目前單調的生活。

很多人都不太喜歡自己目前的生活，覺得無聊、單調、辛苦，花費了許多功夫和時間，卻只能換來一點點進步，甚至什麼進步都換不來，倒是沾了滿身泥。電視、小說裡那些灑脫、悠然、勁爆的生活，永遠都不會發生在自己兩點一線的生活裡。別人的朋友圈裡天天都在晒大餐、潛水、落地窗和大房的照片，而自己的生活裡只有蛋餅、榨菜、分租公寓，想改變卻無從下手。

很多人抱怨現在的生活和工作沒有自己想像中的有趣和有發展，可你想要什麼樣的生活，你知道嗎？很多人說我不想跟別人比，我就是我，不一樣的煙火，可你自己到底是怎樣的，你知道嗎？每個人都覺得自己應該生活在別處，在偶像劇裡，在言情小說裡，在霸道總裁愛上小資女的故事裡，因為那些故事裡的人都不用付出什麼辛

苦，也不用有什麼壓力，可以輕輕鬆鬆有人愛、有人疼，有人買包、買房、買車，轉角遇到愛，還百分之百無條件一輩子愛你。

這樣的生活其實才是自己心裡想要的，可誰不想要呢？你要是知道怎麼得到，請你也告訴我一聲。

什麼叫單調的生活？什麼叫有趣的生活？有趣必然也要以辛苦為代價。很多人說，我想像妳一樣生活得充實而有趣，有成就感和價值感。但是，充實是建立在許多辛勞之上的。

前幾天早上我去英語班上課，發現公共聽力區有個六七十歲的老太太，正戴著耳機專心致志地做題。看到那一幕的時候我都快嚇傻了，瞬間自己的懶惰之心就被擊斃，感動得差點掉眼淚。我有個同事是全職媽媽，每天帶著孩子在外面到處玩，沒事還出國什麼的。朋友圈認為這是多充實多有趣的生活啊，但平時下樓買飯都嫌累的你，想想帶著一個孩子開車到處跑，充實嗎？充實。累嗎？超級累！充實和有趣，從來都是建立在辛苦和疲累之上的。

如果你不喜歡現在的生活，那你喜歡什麼樣的生活呢？你有什麼能力去改變它嗎？沒有人會告訴你該怎麼去改變。問天問地問別人該怎麼辦，可是能改變自己生活的只有你自己。很多人覺得只要有錢就可以改變一切，只可惜等到年紀一大把了，你可能還沒有足夠的錢去改變一切。

我們總說討厭目前的生活，不喜歡現在的一切，倒不如說我們討厭的是心裡那個非常懶惰，什麼都想要，卻什麼都不想做的自己。總是臆想著自己功成名就、神采奕奕的樣子，回過神來發現今天上班又遲到了三分鐘，老闆正黑著臉等著自己。理想和現實的差距，讓我們越來越懶，越來越沒有希望。不斷走高的房價和物價，以及漸漸三十而立的責任與重擔，壓得我們喘不過氣來。在離開學校走進社會之後，本以為會像雜誌上的職場精英一樣過著精緻優雅的生活，卻沒想到走進了越來越無力，也無法自律的現實生活裡。這才是我們討厭一切的真相。

曾在一篇文章裡看到這樣一句話：「她們不斷地臆想，不斷地痛苦，但天亮之後，她們依然站在原來的泥濘裡。什麼都想要，什麼損失都不能接受，什麼都得不到。這個惡性循環的怪圈，大多數人年輕時都踩進去過，被絆住腳。」

最近我給自己制定了新的英語學習目標，無數次地幻想自己一年後英語如母語般滔滔不絕。但實際上每一天的英語課裡，我需要面對的是一次次地重播與精聽，一道道題地反覆琢磨，是每個懶惰想睡覺但不得不爬起來的早晨，是每天不間斷地學習兩小時，是上課上到凌晨。家人都問我為什麼這麼晚還有課，累嗎？累死了。單調嗎？單調透了！進步快嗎？都想把電腦砸了。

事實上，我們想要的並不是有趣的生活，而是擁有成就感的自己，可是成就感的前提是需要付出很大的辛苦，而這個付出辛苦的過程，就是目前單調的生活，就像現在苦熬著的自己。

想想現在的自己，你想要的，究竟是什麼？

⒁「妳老公那麼有錢，妳還這麼努力幹什麼？」

即使結了婚，有了孩子，老公有錢，孩子可愛，她們依然有自己的想法，有獨立思想和志向。思想的獨立，比經濟獨立更重要。

Facebook首席執行官馬克・祖克柏（Mark Zuckerberg）及妻子普莉希拉・陳（Priscilla Chan）曾表示，未來十年他們將向社會捐助三十億美元，用於幫助人類治療和管控所有疾病。消息一出，鋪天蓋地的文章開始高度讚美普莉希拉這個擁有自己理想和志向的女性。可能他們忘了，當初兩位結婚的時候，他們是怎麼吐槽普莉希拉長得不好看還攀上富豪。

一篇有關祖克柏的文章中，有一句話說得特別好：「祖克柏的Facebook很棒，但她要繼續自己的步伐，而不是跟在男朋友身後；她有自己的夢想，不是誰背後的女人，無論對方多麼優秀。」

看到這句話的時候，我覺得很踏實，有一種被溫暖力量和篤定態度包圍的安全感。現在很多人在討論女性獨立的議題，可事實上，女性是否看得起自己？是否覺得自己應該獨立？這才是首要的議題。

當初我辭職的時候，不少人問我：「那妳以後是不是就給老公養了？」

還有人來說：「妳懷孕還辭職，不如就在公司混著，好歹有份薪水，妳老公壓力也能小一點。」

先不說我辭職後的工作其實更忙、更多，我也很好奇，為什麼他們會這麼想？其實也不是不能理解，大多數時候，女性只要找到一個多金的好老公或者多金的好婆家，身邊很多人都會問：「那妳還要上班嗎？」或者「妳老公那麼有錢，養得起妳，妳還上班幹嘛啊？」

可能，在大部分人的潛意識裡，婚姻的目的就是尋求依靠，而這種依靠更多的是女性對男性物質上的依靠，過著優渥的少奶奶生活，就是我們潛意識裡推崇的婚姻觀和價值觀。如果一個老公比較有錢，而太太還在努力打拚，多半會招來非議：「圖什麼呢？」

我曾寫過一篇〈結婚生子前後，女人一定要有錢〉，結果很多人來問我，如果結婚不是為了依靠男人的錢，那還結婚幹什麼？

對此有個網友回答了這樣一段話：「看到有人問為什麼要找另一半，我只想說另一半是精神上的依靠，不能什麼都依靠他，兩個人應該一起努力才對。什麼嫁進豪門，想透過嫁人改變一生，終究太過虛幻，過度依賴別人還不如改變自己，兩個人是彼此的依靠，不是最完美的事情嗎？」

「富豪有很多，世界冠軍沒幾個。」

有次郭晶晶和霍啟剛一起參加電視節目，大多數人才知道郭晶晶在霍家的地位之高，受寵之深。在這之前，很多人都心懷鬼胎地認為郭晶晶也和大多數嫁入豪門的女人一樣，生兒育女，一輩子擔心富豪老公會不會出軌，坐等男主人的花邊新聞登上八卦雜誌，而大眾再為郭晶晶的選擇唉聲嘆氣。

只可惜，正如郭晶晶所說：「富豪有很多，世界冠軍沒幾個。」可能很多人忘了，郭晶晶是以世界冠軍的身分嫁入霍家，而不是什麼明星或者小三上位之類嫁入霍家的。

一個女人的價值，到底還是靠自己努力換來的，而不是依靠整容或水蛇腰；不依附於某個男人，更不依附在某個名門望族的屋簷下。她的努力，支撐起的不僅僅是自己的財務自由，還有自己的理想與目標。

就像祖克柏的妻子普莉希拉，她擁有世界上最年輕又富有的老公，但依舊拒絕了老公邀請她一起加入Facebook的好意。她有自己的愛好，自己的目標，不僅如此，她還影響了自己的老公，讓他投入到兒童醫療與教育事業中，兩個人在各自的領域努力著，當他們在一起的時候，不是她靠著他對閃光燈微笑，而是兩人站在一起，為改變世界盡自己的努力。

這樣的夫妻關係，真讓人著迷。

缺錢並不可怕，有錢但沒想法的依附關係才最可怕

在我的朋友圈裡，曾經有一個讓我和周邊朋友都羨慕的人。她從大學畢業就嫁給了富豪老公，做了全職太太。當我們被老闆罵得灰頭土臉，在路邊吃麻辣燙充飢的時候，她天天遊山玩水，到處逍遙。那時候我們都覺得，她簡直是人生大贏家啊，我們怎麼沒這麼好命呢？

十年過去了，圈裡的幾個朋友各奔東西，但大家在世界各地都有了自己的事業和新生活，日子越來越好，一起聊天的時候，免不了炫耀一下自己事業的最新進展。但我們曾經羨慕的她，卻漸漸從我們的談話中消失了。

有一次，朋友說她在鬧離婚。她依然很有錢，但一個人十年沒有任何的努力和進步，不一定要賺錢，哪怕學點小技能都沒有，再有思想的內心，都會荒蕪。

缺錢並不可怕，因為隨著時間和才華的積累，每個人都會賺到錢，但理想和志向不是，它只會隨著我們的努力不斷清晰，成為我們行走於世界越來越篤定的力量。剛畢業的時候沒錢一點問題都沒有，但十年、二十年之後，妳還是一問三不知的樣子，

別說夫妻關係，就是朋友也很難不嫌棄妳。

女性做什麼事並不重要，重要的是心裡還有志向，還有理想。我身邊有很多做全職太太做得讓我很佩服的人，也有很多職場女強人讓我覺得她們每天都在發光。即使結了婚，有了孩子，老公有錢，孩子可愛，她們依然有自己的想法，有獨立思想和志向。她們從未覺得自己有了好老公就可以歇著了，相反的，她們覺得思想的獨立，比經濟獨立更重要。

就像「普莉希拉都沒停止過追求自己的人生價值，她要走的路和祖克柏沒什麼關係，但他們都在進步和成長」。

你說這樣的關係，不是很美嗎？

⒂三十歲之前的努力程度，決定你三十歲之後過怎樣的生活

躊躇不前、必須找到百分之百保證才行動的人，總會找到一百個理由表明這個方法對我沒用，或者我再想一想。可你真的不知道該怎麼辦嗎？

年紀越大，越覺得行動很重要，回顧過去，我也會為自己的異想天開感到可笑。三十歲之後，周圍事業有成的人越來越多，連吃個小吃隔壁桌都在談融資。當然也越來越相信那句話：三十歲以前的努力程度，決定你三十歲之後過怎樣的生活。周圍也越來越多人印證了，無論二十多歲的時候擁有怎樣不堪的背景，過怎樣辛苦的生活，三十歲左右事事圓滿，成為人生大贏家的大有人在。

以前覺得三十歲就定了以後的日子太過草率，難道三十歲以後加油就不行嗎？等到三十歲之後才發現，三十歲是一個門檻，青春年少一人飽全家飽的日子一去不復返，取而代之的是房子、車子、孩子、教育費，一堆的帳單只能讓你馬不停蹄地往前跑。想要不顧一切放手去奮鬥也不是不行，只是要顧慮的東西太多太多。

想想周圍的人生大贏家們，三十歲之前都跟瘋子一樣地忙，不斷地衝鋒陷陣，沒有一刻停下來。他們喜歡實踐，喜歡忙碌，喜歡不斷地嘗試新的東西。

所以，年齡並不是決定一個人未來生活品質的關鍵，行動力才是。

經常有人問我：「我性格內向又不愛說話，是不是會影響我的前途，該怎麼辦？」、「我有孩子了，想當全職媽媽，但就沒了收入，該怎麼選擇？」

我覺得性格內向就去找本教你如何改變性格的書，或者帶你增進溝通能力的書，照著去做，三本書下來保證你改善一大半。

我周圍的全職媽媽沒時間做大生意，但賣自製的酸辣粉、小麵條、香腸等什麼都有，朋友圈裡一傳十十傳百，保證你每天至少能收入一兩百塊。我常買一個媽媽做的酸辣粉，樂此不疲地吃了很久（現在她不做了，我好久沒吃那麼夠味的酸辣粉了）。

這些事沒什麼好問的，問了也是白問，沒人能預知未來。只能自己付出行動，走一步算一步。

其實大多數人問問題，並不是要求一個答案，而是求一個心理安慰。因為躊躇不前、必須找到百分之百保證才行動的人，總會找到一百個理由表明這個方法對我沒用，或者我再想一想。可你真的不知道該怎麼辦嗎？其實你真正想問的是：「如何能讓我不用付出太多、不會有損失、也不丟臉，就得到想要的一切，因為這些我都承擔不起，我就想要舒舒服服、還能全部得到的生活。」

每個人都說，我不想看勵志書啊，勵志書一點用都沒有。

但勵志書的市場依然龐大無比，為什麼呢？

因為只會想、不行動的人太多了，迷茫從小溪變成了海洋。

給你精神安慰，你說睡一覺就沒感覺了。

給你方法論，你說太難執行了，你就是那種天生很愛睡覺的睡神。

給你推薦書，你說太厚了看不完。

給你講寫作，你說寫了十來篇還是沒人看怎麼辦？

給你個效法的對象，你說那人肯定爸媽有錢。

給你個勤學苦練的例子，你說太辛苦了會過勞死。

那你說要怎樣？

大多數人只會抱怨，覺得自己選錯了科系，找錯了工作，跟錯了老闆，生不逢時，命運多舛。其實，根本不是這回事。

我有一個朋友是編劇，二十九歲開始正式做全職編劇，三十一歲到美國迪士尼工作。她的作品價格很高，即便在二十九歲之前、還是兼職編劇的時候，也賺得不少。周圍的朋友聽說了，紛紛來問：「做編劇這麼賺錢啊，那我也想做，我現在做來得及嗎？」其實不論幾歲開始做都來得及，可一提起要讀多少本書，看多少部電影，還可能遇到騙子、拿不到錢等，大家就紛紛打退堂鼓了。

朋友圈裡有句話說：「哪個表面風光的工作背後不辛苦？」無論做什麼事情，剛入行都很辛苦，能擠進窄門，度過最艱難的時刻，才能越來越順利，這跟減肥其實挺像的。入門看似簡單沒門檻，但過程中會產生大量的痛苦，需要堅持、忍耐、承受孤獨和不被人理解的苦惱等。當然，等你越走越深，看到越來越多旁人看不到的美時，就能越來越順利，也才能脫穎而出，成為佼佼者。

這個過程很長很遠，大多數人無法堅持，所以大多數人只是抱怨自己命運不濟罷了，其實大家的命運都一樣，只是少數人一直在行動，大多數人一直在碎念罷了。

⒃女性追求自己的愛情，怎麼就是不自愛？

為什麼這個社會強加給女性的職場偏見我們都可以抵抗，唯獨對愛情與人生的枷鎖我們從來不掙扎？

曾幾何時，周圍很多人對我突然結婚，甚至突然有了孩子跌破眼鏡，大概在所有人眼裡，我肯定會成為剩女。刻薄、犀利、挑剔，有點小才華，賺的錢足夠養活自己和全家，刻苦努力拚命是我的標籤。男人於我，似乎幫不上什麼忙。

每次被問起如何跟老公在一起，我總會回答：「是我追的。」然後給對方一個「有什麼不可以嗎」的微笑。回應我的，永遠是空氣凝固般的瞠目結舌。我也以為我會成為剩女，或者透過相親找一個不太喜歡的男人湊合。命運沒有給我一個合適的好男人，但讓我認識了一個我想要據為己有的男人，然後全靠自己去追。我是勇敢的人，這不僅體現在生活與工作中，也同樣體現在愛情上。

那時候我寫過一句話：「這也許是我人生唯一一次主動追求男人，如果失敗了，我也沒什麼遺憾，這是我青春歲月做過最重要的一件事，之後我會沒有任何遺憾地去過柴米油鹽的生活。」我主動約他看電影，去吃飯，去看演唱會，去唱歌。我們的愛好和價值觀差距很大，對生活的態度與性格也不盡相同，他的生活經歷比我複雜百倍，在世俗眼光看來，我傻了才找他，可那又怎麼樣呢？我記得曾與一個從國外回來的朋友講起這件事，她非常激動地跟我說：「太棒了，這在國外根本不是問題，妳一定要把他追到手，這是一件幸福的事！」然後抱著我、搖著我的肩。

有一次看電影，他跟我說：「我覺得妳不會留在我身邊，有一天妳一定會飛走。」我難過了一整晚。結婚之後，我問他為什麼這麼說，他說：「我覺得妳就像我生命裡的曇花，特別美。因為太美了，我害怕失去。」

後來，他開始勇敢接受我的愛，我們結婚了，很快有了孩子。即使第一個孩子一歲了，我也沒有辦婚禮，因為我想等老二會走路之後一起辦，帶著兒女一起結婚，能來的都是真朋友。

當然，寫這麼多不是為了秀恩愛，而是最近看了一個影片，大意是說，上海那麼多單身女孩，不是不想結婚，而是沒有合適的對象，不想為了結婚而結婚，單身也能擁有很好的生活，女性應該有自己獨立的美。這個影片瞬間在朋友圈被刷爆，幾十萬人一起流淚轉發的同時，你有沒有想過，女孩為什麼會剩？是她們太挑剔或者是她們沒有朋友？錯，是因為無法勇敢地打破思想的桎梏，去嘗試和追求愛情，不敢承擔失敗的痛苦，為什麼這麼說呢？

因為我記得那些人得知是我追求我老公之後，瞠目結舌的表情！

他們告訴我，這個世界雖然每天叫囂著男女平等，女性獨立，女性自由，但從不給女性勇敢追求愛情的空間。這個世界允許女人成為高級主管，賺很多錢，頂起四分之三個天，但女追男這件事依然是不自愛、自降身分的表現。女人，特別是妳越優秀，就要越矜持，要自愛，等待白馬王子來到妳身邊。無數的愛情導師也告訴妳，妳要像女王一樣高高在上，讓愛妳的那個人為妳鞍前馬後，跪舔妳的高跟鞋，這樣妳才是人生大贏家。在愛情裡，誰先動手誰先死，妳那麼優秀，值得等待更好的男人。否則，妳就是不要臉，就算結了婚，也肯定是在家受氣的小媳婦，男人肯定甩都不甩妳。

結果呢？就是優秀的女性越來越不敢主動出擊，男人也不敢追求優秀的女孩，大部分優秀的女人就剩下了，然後整個家族都來問妳：妳怎麼還沒有對象？妳是不是有什麼病？

周圍總有人悄悄地問我：「聽說是妳追求妳老公！那結婚以後，妳老公對妳好嗎？」

越來越多的社會機構、公益團體在為女性吶喊，經濟與思想獨立的女性越來越多。女性可以問為什麼女性不可以成功？為什麼女性不可以做高級主管？為什麼女性不可以成為社會領袖？但唯獨不會問為什麼女性不可以追求自己喜歡的男人？為什麼女性不可以在愛情裡為追求而摔倒？為什麼這個社會強加給女性的職場偏見我們都可以抵抗，唯獨對愛情與人生的枷鎖我們從來不掙扎？

如今越來越多女性不需要依附男人生存，不需要以男人定義的標準來過自己的人生，也因此，男人女人在愛情上擁有同樣的追求與失敗的權利。勇敢追求想要的一切應該是現代獨立女性的標誌，包括工作、生活與愛情。這個價值觀不僅僅應該由社會認同，更需要女性自身去信仰。如同職場困難會讓妳更強大一樣，在愛情上勇於出手，每一次失敗也會讓妳更加了解自己，更快抵達幸福的彼岸，而不是對著影片流淚、自怨自艾。

我們不為結婚而結婚，而為幸福與愛情結婚；

我們可以選擇單身，但不是被剩下；

如果看到了好男人讓我們不再想單身就勇敢地去追求，而不是站在他身後等著他轉身在茫茫人海裡看到自己；

我們都是獨立而自由的優秀女孩；

我們每個人都從心底嚮往愛情，並渴望永生不渝。

全世界的獨立女性想要改變命運，並不是從「好吧，我接受單身，一個人生活也挺好」開始，而是相信：女性追求自己的愛情是勇敢，是獨立，並不是不要臉。

最後引用同事的一句話做為結尾：「去相什麼親，趕緊穿上 Prada 去美麗的城市，找個心愛的男人談戀愛才是王道。」

第二章

相信自己，你的潛力遠大於當下

人的潛力是無窮的，
不要給自己的人生設限。
你的潛力，
遠大於你當下所取得的成績。
想辦法挖掘你的潛力吧，
你將來的成就，
會讓現在的你震驚。

⒄很多人以為簡單的東西，其實並不簡單

有些人，無論他們穿什麼樣的衣服，背什麼樣的包包，打扮得怎麼樣，學歷高不高，你就是想認真聽一聽他們的生活和故事。

之前買了個升降晾衣架，週六早晨八點，師傅上門安裝。師傅手腳俐落，三兩下就量好了距離位置，開始鑽孔，看得我一愣一愣的。我問師傅這個工作做多久了，手藝驚人，換成我三天也架不起來，於是他的話匣子打開了。

師傅說他從二〇〇四年來北京就做這個裝升降晾衣架的工作，到二〇一六年已做了十二年了。很多年輕人剛來北京都把這個工作當作跳板，做幾天覺得賺不到什麼錢就跑去幹別的了。他不這麼認為。他覺得這個工作很好，全靠技術，不需要靠力氣，唯一需要的就是手臂的力量，因為總要舉著架子、抬著頭工作，他稱這樣的工作叫「天工」。這行業很少有做得長久的人，但做久了才能說有經驗。比如他，什麼樣子的裝修都見過，木質的，吊頂的，陽臺、窗臺材質結構如何；每一種環境安裝方法

都不同；搖柄的位置不同，拉線的方法也不同。這些都是經驗，他看一眼就知道了。很多年輕工人以為這個很簡單，不願意做，但到了客戶家裡一看情況不對就打電話給他。還有的客人覺得簡單，自己裝就行了，結果好幾天裝不上又打電話來。其實技術工作就是這樣，靠手藝、靠經驗，很多人以為簡單的東西，其實並不簡單。一項工作做得久了，才能看到裡面的門道，當然，賺得錢也越來越多。

提起賺錢，師傅靦腆地笑笑，反正在北京工作這麼多年，給兒子買了房子、買了車，讓兒子結婚了。在他們村裡，兒子二十七歲才結婚，算是年紀很大了，但兒子喜歡讀書，那就讓他讀吧。我問他兒子是做什麼的。他笑笑說：「就是個教書的。」我說：「老師很好啊，一定很體面。工作家庭都穩定，多好。」他笑笑說：「嗯，挺好的，我在外面想到兒子一切安穩，挺高興的。村裡人都說沒必要給孩子買這麼多，但我覺得做爸爸的，賺錢不就是給兒子嗎？他好我才能安心。」

「妳買房了嗎？」

前段時間我撞了車，在修車廠裡等拖車的時候，跟門口的保全聊了起來。保全是個三十歲左右的年輕人，戴個鴨舌帽，瞇著眼睛，胖胖的，笑咪咪的。聊了一會兒他突然問我：「妳買房了嗎？」我有點不解，不知道他什麼意思，簡單地回答他：「買了，怎麼了？」

他說：「那妳不錯，我也買了，在通州。」

說這句話的時候，他聲音很大、很驕傲，我才知道他問我買房了沒有，只是想把自己買房的事說出來。緊接著他又說：「我把老婆孩子都接過來了，我們一起住，老婆在家看孩子，我工作。妳看我經常早晚班一起上，不怎麼回家。多賺錢，男人嘛，對不對？」

他一直說，後面說了什麼我忘記了。那天太陽太大，我們就站在水泥路上，頂著太陽，看他瞇著小眼睛滔滔不絕。我不知道他之前做過什麼，也不知道他存了多久的錢，也不知道買了通州哪裡的房子。或許我們都覺得，一個保全買得起北京的房子，是騙人的吧？但旁人信不信都無所謂，他自己努力，給了妻兒一個安穩的家，很幸福很驕傲，就足夠了。

那天在修車廠裡，是我聽到最感動的故事，一直念念不忘。

她現在一年賺一百多萬啊！天啊，我得靜靜！

有次熊貓跟我說，我們共同的朋友大王在辦離婚，原因是覺得老婆不顧家，不管孩子。我聽了目瞪口呆，別開玩笑了，大王雖然是我們的朋友，可離婚這事我們可要為他老婆打抱不平。

大王比我們大十來歲，每個月賺三、四千塊，成天靠父母接濟。父母看兒子條件不好，找不到老婆，於是託人在老家說媒，他老婆比我們大不了幾歲，來到北京，跟大王結婚。大王的薪水不高，全家人住在一起，媳婦在公婆眼皮子底下日子也不好過。沒過兩年，老婆生了龍鳳胎，卻被公婆霸占，公婆覺得她鄉下出身，不會教養孩子。

他老婆一看這情形，就把全副精力用在工作上。一個中專生，從小沒離開過家鄉，來北京也找不到太好的工作，於是她開始賣衣服，後來存了點錢在秀水賣東西給外國人。一陣子之後，她覺得外國人的生意可以做，於是開了一家小公司，專門替外國人辦在華簽證的續簽工作。我不懂這項工作的門道，反正後來她老婆常跑美國，慢慢做起了赴美買房、赴美醫療之類的仲介工作。

我問熊貓：「那他老婆怎麼想？」熊貓翻翻白眼說：「他老婆不想離婚啊，好歹是個家，再不好也是家。不過他老婆現在一年賺一百多萬，也還年輕，如果真離了婚，照樣可以嫁人生孩子。天啊，一想到他老婆一年賺一百多萬，我得靜靜。」

我突然很想認識這個傳說中的老婆，我想知道這些年她都是怎麼奮鬥的，光想像其中可能的艱辛，就讓人心生敬佩。

他們三個人都是城市裡最普通的小人物，我跟他們都不熟，也沒聽過他們奮鬥的歷程和艱辛，但看到他們今天滿足驕傲的樣子，我能想像一定很不容易。他們沒有高學歷、好背景，也沒什麼所謂的平臺和起點，連抱怨父母不給力或者社會不公平的機會都沒有。他們取得的成績，在一般人看來可能什麼都不是，或者是唾手可得的東西，但我覺得非常感動。

他們比不上電視裡、雜誌上的成功人士光鮮亮麗，也不是多有錢有勢，但值得人尊敬。不是因為他們賺了錢、買了房、買了車，而是因為他們默默努力、靦腆微笑的樣子；他們努力為自己、為家人、為孩子奮鬥，又對生活充滿希望的樣子，非常美，非常感人。

生活在物欲橫流的世界裡，習慣了聞香識人，但總有一刻會讓你覺得，有些人，無論他們穿什麼樣的衣服，背什麼樣的包包，打扮得怎麼樣，學歷高不高，你就是想把他們請上最好的座位，獻上一杯熱茶，認真聽一聽他們的生活和故事。

因為他們的故事，不虛假，很真實；

讓你覺得心裡踏實，又久久難忘；

他們的成績並不斐然，故事也沒多勵志；

但就是讓你感慨萬千，想為他們真心鼓掌。

⒅有一種人，離他們越近，你越值錢

人生很多時候，我們都會被他人逼著。分數不夠高，PPT做得不夠美，提案講得不夠完善，很多時候不是我們已經做得完美了，而是懶得再改了。

有段時間家裡準備裝修，身為設計達人的老公問我要什麼風格。我是個沒什麼風格偏好的人，看見什麼都想要。如何把我想要的融為一體，還要美，讓老公為難了很久。

後來有一天，老公非常欣喜地跟我說：「我終於知道妳要的是什麼風格了！就因為妳挑剔，讓我打開了一扇新的大門，發現一種全新的風格，多虧了妳的挑剔啊。」

這句話讓我想起實習時候的一件事。

我剛開始實習的時候，客戶是一個香港老太太，嚴厲、苛刻，甚至有點神經質。當時我的工作是編輯每月一次的MOOK雜誌。我沒做過，更不知道什麼是MOOK，香港人的審美觀我也不太了解，內容更是什麼都不知道。我幾乎每個月都要花二十天

（對，一個月上班二十二天，我就用了二十天）做這一件事。

每個月最讓我崩潰的是截稿日的前幾天。我覺得都按照要求做好了，但老太太每次都能找到新毛病，不是字型要換，就是顏色不搭。等我都改好了，她又找出新的毛病，沒完沒了，周而復始，而且她態度還很不好，好幾次在電話裡咆哮：「這是專業，專業！你們不要隨隨便便敷衍我。今天敷衍我，明天可能敷衍別人，你們的整個人生都會很隨便！」

有時候老闆怕我扛不住，陪著我接電話挨罵。每次我們都無力地趴在桌上，盯著電話想：「寫個 MOOK 都能牽扯到整個人生，她怎麼還不退休啊！」

漸漸的，每個月月底沒那麼難過了，因為老太太的批評越來越少。我已經了解了這個 MOOK 的所有風格、內容、配色以及細節要求。基本上我每次提交的稿子都可以只修改一到兩次就通過，不會再沒完沒了地挨罵和重做了。

等到有天這個專案不再需要我做的時候，我才發現，因為老太太的挑剔，我進步了很多，雖然我從沒有意識到。正因為老太太的苛刻，我自己都對自己苛刻了起來。

職場上，我們總會罵客戶是變態、別人是傻子，以前我上班的時候，也總覺得自己寫得這麼棒，連自己都感動得要命，為什麼客戶不理解？為什麼客戶覺得我失焦？為什麼客戶要把我寫得最好的部分刪掉？

有一次，我翻出過去所有工作的檔案，才發現被客戶改正的東西，真的比自己當初寫的更靠近主題，邏輯也更順暢。那些被改過的提案和內容、排版，都比以前漂亮了一百倍。但當初修改的時候，真的是一邊改一邊罵，一邊加班一邊生氣，覺得客戶只會動嘴提意見，哪管我加班到半夜回不了家？

可進步就是在這一點一點的時間裡被逼出來的，自己都感覺不到，原來我可以做得這麼好。

人生很多時候，我們都會被他人逼著。分數不夠高，彈琴不夠好，PPT做得不夠美，提案講得不夠完善，很多時候不是我們已經做得完美了，而是懶得再改了。

即便是現在，也經常會遇到挑剔的客戶，但我已經學會，當客戶有不同的意見時，仔細想想，客戶說得是不是更有道理，我做的問題在哪裡，跳出自己的小世界，站在廠商的角度看一看，為什麼客戶會提出這樣的要求？每次這麼想，都會發現果然是自己想得不夠周到，還是客戶比我厲害。

我一直記得那個老太太，一直很感謝她，在我的職場生涯裡，是她讓自以為優秀的我，找到了自己的短處和進步空間，讓我知道挑剔是讓人進步的推進器，能把人逼到自己都沒想過的地方。

事過境遷，我也變成了那個挑剔的老太太，經常苛刻到把周圍的人逼瘋。一個小數點，一個配色，一個格式，一個表格與word檔，稍有不如意，就必須改改改。有時候我覺得自己是不是太苛刻了，這又不是什麼大問題，但每次看到精湛的作品，以及同事們越來越漂亮的工作成果，總覺得應該還是有意義的吧；我們不可以成為隨隨便便的人。

人生的每一次挑戰，別人看似找碴，其實都是給自己一個更加精湛的機會。我現在發現了這一點，也開始利用這一點，讓自己變得更好、更完美。我不再抱怨別人是傻子，為什麼不懂我的美，其實最傻的人是自己。

沒有人給你意見，才是最可怕的事。

⑲不懂這一點，你就永遠只能疲於奔命

如果真如你所說，老闆什麼都不會就你會，那你怎麼不是老闆？就算老闆真的什麼都不會，你都會，那老闆豈不是越來越離不開你？難道這不是好事？

朋友跟我吐苦水，說新雇用的助理讓他無時無刻不想開除，做事完全沒動腦子，一個口令一個動作，絕對不會舉一反三，甚至連一都做不好。訂飯店經常讓自己站在飯店大廳才發現沒有訂成功；訂機票到了機場才發現刷不出機票。簡直不可思議，怎麼能差成這樣？

我也做過助理。在到職的第一天，我看了一個買馬鈴薯的故事：

張三和李四同時受雇於一家店鋪，拿同樣的薪水。一段時間後，張三青雲直上，李四卻原地踏步。李四想不通，老闆為何厚此薄彼？

於是老闆說：「李四，你現在到集市去，看看今天早上有賣馬鈴薯的嗎？」過了一會兒，李四回來說：「只有一個農民拉了一車馬鈴薯在賣。」

「有多少？」老闆又問。

李四沒有問，於是趕緊又跑到集上，然後回來告訴老闆：「一共四十袋。」

「價格呢？」

「你沒有叫我打聽價格。」李四委屈地申明。

老闆又把張三叫來：「張三，你現在到集市去，看看今天早上有賣馬鈴薯的嗎？」

張三很快就從集市回來，一口氣向老闆彙報說：「今天集市上只有一個農民賣馬鈴薯，一共四十袋，價格是兩毛五分錢一斤。我看了一下，這些馬鈴薯的品質不錯，價格也便宜，於是順便帶回來一個讓你看看。」

張三邊說邊從提袋裡拿出馬鈴薯，說：「我想這麼便宜的馬鈴薯一定可以賺錢，根據我們以往的銷量，四十袋馬鈴薯一個星期左右就可以全部賣掉。而且，我們全部買下還可以再適當優惠。所以，我把那個農民也帶來了，他現在正在外面等你決定呢……」

我做助理的時候，每天都心驚膽顫的，老闆是大BOSS，生怕有什麼地方想得不夠多、不夠仔細，還得勞煩老闆提點我。我對自己的要求是，永遠不能跟老闆說「你沒說，我就沒做」，乍看挺有理，但其實是自己失職。雖說助理是個小職位，有點像祕書，但我在客戶公司見過一位非常棒的助理，讓我對助理這個工作完全改觀。

第一次跟客戶開會的時候，客戶老闆坐著一句話也不說，一直是助理和我們談話。一看就知道她非常明白老闆的意圖，她說的一切就是老闆想說的、想做的。中間老闆說了兩句話，還不夠準確，助理更正了兩次，客戶老闆苦笑，但又不失驕傲地說：「以我助理說的為準。」

曾經聽過優秀的助理就是老闆的代言人，但沒想到真的有這樣的人。

後來跟客戶助理熟悉了，我問她怎麼做到的。她跟我說：「我剛來的時候，月薪四千元。有一次要做的事老闆沒說，還怪我為什麼沒做。我提出辭呈，因為老被老闆追著做事情，感覺很累，每天心浮氣躁的。老闆告訴我，助理的薪水可以高到妳想像不到，妳的薪水翻十倍都不是問題，但首先要做好。看看隔壁總裁的助理是怎麼做的，她已經跟總裁做了十年助理了。

「我觀察了很久，經常跟總裁的助理吃飯討教，她的職場祕訣就兩個字：主動。

「主動比老闆先一步想到，在老闆下指令之前做到，永遠帶著老闆往前跑。這樣會有一種成就感和主導權，心情特別爽快，工作起來輕鬆不累，老闆也非常信任。

「後來我知道了主動不僅僅是一種行為，而是一種思考方式，這也是員工和老闆的最主要區別。很多人的工作都是老闆推一把做一下，老闆不推就不動。這樣的人，永遠沒有掌握全局，也永遠只能當員工，還是薪水很低的那種。因為你想的永遠是，你不過是領薪水的，何必要用心？但實際上，我們應該像老闆經營公司一樣經營自己，像老闆一樣管理自己。自己帶自己往高處走，而不是到時間就找老闆要升職加薪。憑什麼老闆天天走在刀口上賺錢，你就躺著在家數錢？」

很多人覺得，公司是老闆的，因為老闆賺大錢，我就賺幾千塊，當然是領多少錢，操多少心，不然就虧大了。

職場上計較得失，失的永遠不會是老闆，因為你容易取代，換了你就行了。失最大的，是你自己。把大好時光都用在跟老闆賭氣，不懂這一點，你永遠只能是個最廉價、最辛苦、最疲於奔命的小員工。

可能有人會說：「我老闆什麼都不會，就只會指揮我做！我為什麼要為這樣的人工作？」

無論遇到什麼樣的老闆，你都是為你自己工作。如果真如你所說，老闆什麼都不會就你會，那你怎麼不是老闆？就算老闆真的什麼都不會，你都會，那老闆豈不是越來越離不開你？難道這不是好事？

月薪四千元和四萬元的差距很大嗎？其實並不大，無非是多想一點，多做一點，但你若連這一點都想不到、做不到，那你可能連四千元都拿不到了，因為被開除的人，就是你。

⒇努力不一定會成功，思考方式才能決定你的命運

思想、格局、視野決定了一個人在社會中的走向。我們努力上班賺錢，不僅僅是為了變成有錢人，更重要的是擴大自己的視野和格局。

我經常收到一些類似的問題，大意是說，覺得自己挺努力的，工作勤奮，從不遲到，下班後看書、健身、寫作，可為什麼總看不到一點點成果，工作一直沒得到升職加薪，也沒有人欣賞自己，天天堅持寫作也沒什麼人來看，不是說努力堅持就能成功嗎？

以前我確實覺得只要努力就一定能成功，但年紀越大，看到的人與事越多，越覺得努力不一定能成功，思考方式才能決定你的命運。俗話說，態度決定行為，行為決定結果，而這個「態度」就是最重要的思考方式。成年人的思考方式，直接決定你的未來走向，而不僅僅是熬多少夜、吃多少苦的問題。

他那麼無能，憑什麼當主管？

有段時間，我們組換了一個新主管。這個主管總把客戶的疑難問題推給我們處理，加班也不怎麼出力。某次主管又不負責任地把客戶的疑難問題轉給我處理，我有些崩潰了，於是跟同事吐槽：「如果這些重大問題我們都處理好了，到底要這樣的主管幹什麼啊？功勞都是他的，熬夜辛苦工作的都是我們，憑什麼啊？」

出乎我意料的是，同事很平靜地跟我說：「第一，越是這樣的主管，其實越能鍛煉我們的能力，如果主管太能幹，我們就只能打雜了。第二，抱怨沒有用，職場不滿意只有兩條路，要嘛走人，要嘛忍著，可是走人就一定遇得到好主管嗎？第三，他能升到這個位置，一定有過人之處，只是我們看不見而已。我們因為不滿意就能得到升職加薪？還是說自身能力有所提高了呢？都沒有。反倒是我們應該加強自身能力，再把主管的一身本領學會，這才是王道。」

當時我在電腦前非常震驚，天哪，字字珠璣，句句真理啊。仔細想想，這個主管雖然能力不強，但是特別關心照顧下屬的個人生活，有誰頭痛發燒他一定會噓寒問暖立刻准假；這個主管與客戶間的溝通能力超強，很多已經不再合作的客戶都會跟我們提到他；這個主管對我們有求必應，我們需要什麼立刻批准去買；這個主管特別平易近人，不會高高在上，經常帶我們吃喝玩樂。以前，我們都覺得他這麼好，是因為自己能力不足要巴結我們替他做事，現在回想真想搧自己一巴掌。

我們很多人都是這樣。

看起來自己很努力，天天加班、熬夜、累死累活，但思想上故步自封，滿身怨氣，總把自己想成宇宙第一，努力也總帶著怨氣和自傲，永遠看不到別人的優點，更談不上截長補短。

馬雲不是名校出身，不也照樣成為首富？

我曾寫過一篇文章〈名校和非名校最重要的差距，悄悄影響我們的一生〉，好幾個人跳出來說：「上名校有什麼用啊？馬雲就不是名校，但他現在很成功。」

每次寫「女生一定要努力，提升自己，經濟獨立，想找什麼樣的男人，首先自己要達到那個層次」的時候，總有人跳出來說：「誰說女生一定要有知識、要經濟獨立？我鄰居收入還沒我高，照樣嫁入了豪門，妳怎麼知道我就不行？」

每次看到這樣的言論，總覺得「能能能，你們都能，你們不僅能當首富、嫁豪門，還能上天」。

馬雲不是名校畢業，但他有非人般的意志、堅持不懈的精神等許多特質，你除了不學無術還有什麼？

妳鄰居什麼都沒有就能嫁入豪門，妳怎麼知道她沒有過人之處？搞不好人家救過富豪爸媽的命呢？

很多時候，你還沒開始努力就先意淫了，總用身邊的極端案例照亮自己不學無術的人生。只要身邊有人買彩券中了大獎，街頭轉角遇到豪門之戀，學習一塌糊塗卻當上富豪，你就篤信自己爛成渣也會好命，並開始無休止地幻想自己的美好人生。

很多時候，你僅僅能看到事情的表象，對真實的原因，比如別人的優點、特質、精神視而不見，可是你們的差距，就差在那點視而不見上。

只看別人富，不看看別人的思考和努力程度；總想做大事，沒機會就是社會不公平；總看事物的表象，就開始意淫自己的美好人生。

想了這麼多年，你要有這個好命，也該有點成功跡象了吧。

你要是把這個精神用在工作上，早當上CEO了

最近我收到了三五封感謝信，都是網友發來的，感謝我三五個月前在微博上推薦了一個英語學習平臺，幾個月學下來，進步非常快，工作上也有了新機會，內心非常激動，特別來感謝我。

我才想起來，因為自己學了一年，感覺簡單有效，CP值超高，所以經常在微博推薦。但每次推薦的時候，總有人說「打廣告」、「這麼缺錢嗎」、「網站給了妳多少

錢啊」、「這網站還要收錢啊」……

這些非常細小的事，給了我很大的震撼，這不就是一個顯而易見的思考方式不同、帶來不同結果的最好例證嗎？有些人默默地把每個學習資源記錄下來，自己去嘗試，適合自己的就堅持下去，三五個月之後，便進步了。其中有一個女生，每節二十五分鐘的課都能寫成一篇文章，詳細地記錄今天跟外籍教師聊了什麼，自己說錯了什麼地方，如何更正的。她正懷著老二，老大年紀也還小。每次總結完都發在微博上圈我一下，讓我看她的進步。雖然我很少回覆她，但每次都被她的認真感動。這樣的人，學不好都難。

有時候有人問我：「妳經常說要投資自我，參加各種培訓課程，這些培訓妳都是在哪裡找到的？」

我隨便說了幾個，過幾天有人回來跟我說：「妳說的都要收費，我窮，有沒有免費的？」或者有人報名了，學了幾天跟我說：「妳推薦的是什麼啊？客服一點耐心都沒有，還準時下班，我的問題還沒處理完，就不能加班嗎？」

總有些人：

對身邊的學習機會從不珍惜，張口就要免費的；

思想保守，看到新鮮事物都覺得是在騙錢；

只要免費就拚命要，把免費服務當付費服務，有付費就當自己是超級 VIP；

付點錢當一回消費者，就恨不得自己是天王老子，全世界都要圍著他轉；

你要把這個無敵執著的精神用在工作上，早當上CEO了。

學生時代，很多人都很努力，天天埋頭苦念，成績卻不行。但總有些人，善於總結和舉一反三，做一本題目頂你做十本，天天打籃球還能考第一。以前我們總認為這樣的人是聰明，後來才知道人家都做了一件事：總結與思考。而不僅僅是熬夜這麼簡單。同樣的老師，同樣的班級，思考方式不同，結果大不一樣。

為什麼大家都努力上進，但出了社會，久而久之就出現了差距？為什麼大家都是一樣的人，但總有一些人出類拔萃，有些人格外平庸？難道僅僅是努力不夠？

在我看來，是思想、格局、視野決定了一個人在社會中的走向。我們努力上班賺錢不僅是為了變成有錢人，買房子、買車、吃喝玩樂，更重要的是擴大自己的視野和格局。一個人只要見過好的，就不會再接受哪怕只差一點點的。人努力都是因為心中對美好事物懷有強大欲望，一個人有了視野和格局才有思想，有欲望才能心甘情願地努力。

表面上你很努力，但實際上你的格局和視野只足以看到自己的象牙塔，你感動的只有你自己：無休止地尋找有沒有什麼捷徑能讓自己快速成功還一勞永逸，卻從來沒有專心過一小時；天天喊著要努力，稍微多付出一點就心疼自己到不行，但總看不見別人拚命努力；看到別人成功，總覺得對方有不可告人的乾爹和背景，反正都不是靠自己；天天熬夜努力，卻從來不肯抬頭停下來多想想多看看別人的方法。

曾看過一個老師的留言：看得見的叫差距，看不見的更是差距；意識到的是差距，意識不到的更是差距。所謂看不見的和意識不到的，其實就是思考方式的差距吧。

(21) 你和神人間的巨大差距，竟然是因為……

你缺少的不僅僅是勤奮，更重要的是缺乏主動性，不能自主學習，別人不餵到你嘴邊，你就寧可餓死也要乾等著。

總有人問我：「星姐，妳文章裡寫過那麼多神人，他們有微博嗎？有公眾號嗎？能分享給我學習嗎？」、「星姐，妳提到的那麼多神人，他們都是怎麼學習的，能跟他們要點學習資料和方法嗎？」……

恕我直言，很多資料，你拿到也沒有用，你看十遍也沒有用，因為你跟那些神人差的，並不是學習資料的多少，也不是沒有按照他們的生活方式和生活內容來過日子，而是學習與生活的態度和精神。一個人內在的精氣神，決定他能取得多大的成就，不只是看了某一本書，或者用了什麼學習大法。

其實這個問題我研究了很久，因為總會收到很多年輕人的來信，訴說自己工作和學習中的各種苦惱。起初我以為是簡單的方法問題，還經常找各路神人諮詢了方法來回覆。但時間久了我發現，方法根本不是問題，關鍵是內心的精神。倘若內心沒有諸如堅持、忍耐、不服輸、樂觀、勇敢的特質和精神，做什麼都不會有太大成就，就會一直處於失敗和自怨自艾中。

我就用最簡單的學英語為例。

我有個好朋友叫考拉小巫，是伊甸園字幕組的前任影組組長，她參與字幕製作的電影和美劇包括《越獄》、《當幸福來敲門》、《豆豆先生的假期》、《神鬼奇航3》、《遺願清單》等。高考英文很爛的她，在大學時候苦讀英文，考取了美國聖路易斯華盛頓大學社會工作學系的碩士學位，目前專攻精神疾病及臨床心理諮詢與治療，同時還出了兩本暢銷書，也是專欄作者。畢業於美國著名學府的她，現在已經結婚生子，與老公一起奮鬥了幾年，買了大房子，有了一個可愛的混血小寶寶，生活幸福而活躍。

很多人問她學習英文的方法，我以前也覺得一定有什麼特別的方法吧，畢竟大家都學英文這麼多年，她卻能流利如母語，大部分人就不行。後來我讀了她的第一本書，發現她學英語的方法，其實就是勤學苦練，沒有什麼特別的捷徑，比如為了記單字，她時刻帶著單字書，甚至在餐廳排隊也拿出書反覆記誦；為了訓練聽力，她每天清晨不到六點就強迫自己起床，抱著收音機到走廊聽 VOA（美國之音）。不斷敦促自己「堅持」和「反覆」，因為英語是一種能力，任何一種能力都要經過長期的訓練，長期的反覆練習，才能打好基礎。當然，她的書中還寫了很多她在美國求學實習的故事，這些故事讓我看到一個特點，那就是：成功需要不服輸，需要樂觀的精神，你必須成為打不死的小強，無論遇到什麼困難都咬牙堅持，替自己加油打氣，相信自己一定能做到。

你看，同樣是學英語，資料買了不少，單字書也一本本刷，看似挺努力的，但是這股不服輸、努力堅持、深信自己一定做得到的精神，你有嗎？沒有，大部分人只是每天哭叫「我不會背單字啊，有什麼好辦法」，其實你不是缺方法，也不是缺資料，更不是人家看了什麼你沒看到，你只是缺乏堅持和追求細節的精神。

考拉小巫曾經說過一句話：「其實沒有訣竅或捷徑，你只要找一個適合自己的學習方法，並且堅持下去，就一定能進步。」可能你不信，但這就是學習方法，只是大部分人學英語還是囫圇吞棗，投機取巧，希望能有捷徑或者祕訣讓自己一飛沖天，對嗎？

最近認識了一個媽媽，有兩個孩子，特別關心孩子的教育。北京城裡的大小國際學校她都研究得非常透澈。她不是全職媽媽，也不是工作不忙閒得沒事幹。她是個挺有名的造型師，每天早上八點到晚上十點都要站在店裡幫客人做造型，很多明星都是她的常客。她自己成立了教育社群，跟很多關注國際教育的家長分享，她一說話你就能發現，她對孩子的家庭教育和未來都很有自己的見解，一聽就知道下了功夫研究，很讓人佩服。

有一次談起年輕時的奮鬥歷程。她說自己剛畢業時只是四聯美髮的理髮師，一個月兩百塊人民幣，愛幹不幹。很多當年的同事現在早已不知去向，她卻一路堅持了十多年，不斷突破自己，堅持努力，才有了今天外人看來神氣的一切，以及看起來一天就能輕鬆賺別人一個月薪水的收入。她年輕的時候就買了房，當初貸款幾十萬，硬是逼自己一年還清，現在那間房子房價翻了不止十倍（別說當年房價低不低的問題，當年她的月收入還只有兩百塊呢），這都是她一小時一小時站著做造型熬出來的。

我們經常晚上在社群裡聊天，一般都是十點多鐘她才下班，剛坐下喝口水，立刻就加入我們的討論中。

我雖然跟她只是認識，並不熟悉，但從她對孩子教育的認真執著和研究的精神看來，我知道她說的奮鬥史一定是真的。我也非常佩服她，我到現在還天天等著她分享，懶得自己去研究呢。

難道我不知道孩子教育的重要性嗎？難道那些學校都不讓我研究嗎？難道我找不到資料、不能去實地考察嗎？我能啊，我都有，我都能找到，但我就是缺少那麼一股衝勁，缺少她努力堅持和一絲不苟的精神，並不是缺少資源。所以，她可以在社群裡分享自己的心得，為自己的孩子做適合自己家庭的選擇，我卻只能八卦閒聊……像她這樣的人，別說做造型了，就算是拔草，也肯定比大部分人拔得好，精氣神就在於此，一看就是個人物！

當然，這些人都太神，可能你很難體會。那就說個簡單的，我深有體會的，比如伸手黨。我之前發了篇文章涉及 TED，馬上有人問，TED 網址給一下。說實話，如果你連自己搜這三個字母都懶，TED 你就別看了，看了也沒什麼用，真的。你缺少的不僅僅是勤奮，更重要的是缺乏主動性，不能自主學習，別人不餵到你嘴邊，你就寧可餓死也要乾等著。這樣的話，你看什麼勵志影片、國際思潮，都只能維持三分鐘。

再舉個例子，當年高考，大家都一樣上課，可為什麼有人成為學霸，有人就是學渣呢？如果你擁有了學霸的課堂筆記本，就能考上清華了嗎？我記得有一個十四歲的高考狀元說過一句話：「我只是把你們打鬧的時間都用來背歷史書上的小字了。」唉，我記得我當時書上的大字都沒背清楚。

我觀察周圍的神人，他們很少在遇到困難的時候哭訴、拖拉、嘰嘰歪歪，大多都是在埋頭思考怎麼辦。他們相信做什麼事都不會輕易成功，因此只有加倍努力去克服所有困難。他們具有堅持、勇敢、樂觀、不服輸、敢想敢做、追求細節、高度自律、一絲不苟、任勞任怨、親力親為、謙虛謹慎，以及不急功近利，失敗了還能站起來，不達目的誓不甘休，不斷追求更大世界等優秀特質。

如果你沒有這些特質和精神的話，這就是你和神人之間巨大差距的終極原因。

(22) 別老說自己窮，越喊越窮

當你覺得自己沒錢，自己買不起任何貴一點的東西時，其實你是在不斷暗示自己，你是個窮鬼，永遠不可能有錢，所以你就真的會窮下去。

如果你覺得自己是個窮鬼，那你就會一輩子窮下去。

小時候我買過一本舊書，名字不記得了。這本書很破很舊，書頁都是暗黃色的。書裡第一個故事講的是一個夏威夷的小男孩手指斷了，幼兒園老師告訴他：「你天天想手指能自己長出來，它就真的會自己長出來。」小男孩果真天天想，兩年後手指真的長出來了。

我不覺得這完全是瞎掰，只覺得很奇怪。之後有一次，我看到一篇文章，驚訝地發現這個道理叫「吸引力法則」，就是當一個人的思想專注在某一件事的時候，跟這件事相關的人、事、物就會被他吸引過來。我無從考據那本舊書上長手指的故事是否真實，但我一直都相信這句話：「當你想做成一件事情，並且朝著這個方面不斷努力、發展自己的能力，就會吸引來自四面八方的能量幫助你，直到你達成目標。」

意念，是個很可怕的東西。不同的意念會不斷對你的行為和思想進行暗示，讓你成為不同的人，過不同的生活。那本舊書中說，如果你想要成為有錢人，就要經常想像自己能成為那樣的人，過著怎麼樣的生活，如何說話和思考，如何待人處事，當你從行為上讓自己變成一個有錢人的時候，就會吸引真正的財富到你身邊。

但在日常生活中，包括我們的父母輩，大概是源於錢不露白的傳統，大部分人覺得自己是窮人，並不斷地暗示自己窮，不管說要買什麼，都會立刻回：「窮啊，沒錢，買不起。」但你觀察，說這種話的人，從來都只是得過且過，下班後多努力一點都不肯，一點腦筋都不想動，看到別人努力賺了錢還覺得別人太辛苦，一定會過勞死，身體不好有錢有什麼用等等。你看，當你覺得自己沒錢，自己買不起任何貴一點的東西時，其實你是在不斷暗示自己，你是個窮鬼，永遠不可能有錢，所以你就真的會窮下去。

可周圍有錢人是什麼樣子呢？大家都是白手起家，當這些人遇到困難，或者看到好東西時，就會暗暗發誓：我一定要賺錢，把這個東西買下來；我要去環遊世界；我要買大房子、名車，我要給孩子最好的生活。然後他們開始努力，幾年之後，他們混得還真的不錯。

我新認識了一個女孩子，她第一次見到我，就跟我說了自己是單親媽媽的事，她一點都不避諱，並且告訴我，她懷孕的時候老公出軌，於是孩子生下來她就離婚，帶著孩子和自己父母出去租房子住。為了給他們一間房子、一個家，自己一定要努力賺錢。後來我總會在凌晨兩三點收到她的微信，大概是夜深人靜工作完之後想找個人說說話吧，不過那時候我都睡了。她總跟我說，全家就靠她了，一定要讓孩子老人過好生活。小姑娘瘦弱不堪，長得跟竹竿一樣，但努力賺錢的話總是說得那麼鏗鏘有力。那一年，她賺了幾十萬，在一個二線城市貸款買了一間房子，給老人和孩子一個家。

看到這裡你一定腦子都要炸了，第一反應肯定是「幾十萬，不可能，她做什麼事情能賺幾十萬」，但不管你覺得可不可能，這都是事實。不僅如此，第二年她又涉足餐飲業，還開始寫劇本，想要做個業餘編劇。

我們有幾個共同好友，偶然聊起她來，都十分佩服，因為這些事情要是換成我們，絕對做不到像她那樣好。離婚就會讓我們失魂落魄好幾年，搞不好還會到處哭訴，哪有可能離婚之後立刻振作起來奮鬥，還賺這麼多錢？事實上，這個女生做的事，我們都能做，但為什麼我們都沒賺到幾十萬呢？原因有二：一，我們沒有被逼到人生絕境，沒有離婚又單親，過著顛沛流離的生活，自然也就沒有強大的賺錢意念；二，我們從沒有想過自己除了上班還能做什麼，總覺得按部就班地上班領薪水就很辛苦了，哪能做更厲害的事呢？所以我們只能一邊佩服她一邊羨慕嫉妒恨。

總有人說：「星姐，妳說的都是特例，根本不可行，我們平凡人學不來。」其實沒有誰天賦異稟，真的，就像我說的這個女孩，她也是個平凡人，是強大的成功意念逼著他努力。如果老是覺得自己不行，那樹立八百個榜樣也沒用，因為你總會找各種理由暗示自己不可能。這就是為什麼有的人能透過努力改變自己的命運，有的人讀了百本勵志書都沒用。

每次我發布新書訊息，總會收到很多人私信說：「星姐，我是個窮學生，妳送我一本吧！」或者「為什麼妳的書不是免費的？我是窮人啊！」每次收到這樣的訊息，我都會很生氣，我生氣的不是你伸手就要，而是你知道自己窮，為什麼還不趕緊去賺錢？如果在你的想法裡，你就是個窮鬼，活該貧窮，連本三十塊人民幣的書都買不起，那你就真的會永遠窮下去。

或許你已經發現了，身邊混得好的人，越混越好，生活、工作、家庭、愛情樣樣順利，跟開了外掛一樣。而你也挺努力的，甚至是非常努力，可是卻一步比一步辛苦，這到底是為什麼？從現在開始，嘗試轉變你的思考方式，無論做任何事情，遇到任何困難，第一個反應是「一定可以，我要試試看」，而不是「天哪，我做嗎？好難啊，這不可能做到吧」。

你若心裡苦，便一輩子不會嘗到甜。

⑵3⑶不拖拉，才是時間管理的最大利器

如果生活中雞毛蒜皮的小事你都處理不好，就算天降大任到你身上，也只會砸死你，絕不會讓你成為英雄。

很多人問，妳究竟是怎麼做時間管理的？其實說到時間管理，任何技巧和方法都比不上三個字：不拖拉。想到事情立刻去做。比如說，想要學開車，就趕緊找駕訓班報名，最快一個月就能拿到駕照。想報名培訓班，在網上尋找、大概比對一下，看看網友評價，就去預約試聽，用不了三天就能選好。很多人會在這些事情上拖拖拉拉，一會兒考慮距離遠，一會兒考慮費用高，一會兒問東問西看看別人的評價，大家七嘴八舌，一來一往三四個月就過去了，而你還在原地踏步，一點進展都沒有，只能捶胸頓足，唉聲嘆氣。

不拖拉，是一種人生態度

你以為不拖拉僅僅是時間管理的問題嗎？其實不拖拉更是一種性格，一種狀態，一種人生態度。如果你凡事拖拉，做什麼都反反覆覆、畏首畏尾，說實話，你的人生也就這樣了，不用幻想什麼偉大的成功，還是英雄般的人生了。我經常收到網友來信，其實信中都沒什麼大事，只是生活中的一些小事。比如，同宿舍女生誰跟我關係好、誰關係不好，該怎麼辦？同事下班沒讓我搭順風車回家是什麼意思？也許這些事對你很重要，但如果你的時間和精力都花費在這些雞毛蒜皮還無解的小事上，你哪裡還有時間精力去做更重要的事呢？

我有一個大學同學說過一句話：「如果生活中都是一些很大、很重要的事，可能我們根本就沒有時間去想那些小事。正因為我們生活裡沒有大事，才會在小事上嘰嘰歪歪。」這句話我一直記到現在。人年輕的時候總會覺得自己一腔青春熱血，想要做大事，但為什麼天永遠不會降大任於自己呢？你有沒有想過，如果生活中雞毛蒜皮的小事你都處理不好，就算天降大任到你身上，也只會砸死你，絕不會讓你成為英雄。

不拖拉，讓你能更加專注

不拖拉，就會讓你沒時間想東想西，讓你做事更加專注。其實很多人時間規劃不好的主要原因是不夠專注。給孩子做飯的時候想著剛才那件衣服還沒有買，到底該不該買？買東西的時候在考慮今天該不該去駕訓班報名；好不容易在駕訓班報了名，每天上課都在想，時間都用來練車了，家裡一堆家事還沒做呢。如此下來，你的腦子每天都很混亂，做A想B，做B擔心C，結果沒一件事做好，甚至還需要重做。

如何改變拖拉的個性？

你可能會問，如果自己的生活很平淡，確實沒有發生什麼大事，或者自己就是個拖拉的人，到底該如何鍛煉或者改善自己的個性呢？我推薦的方法就是閱讀名人傳記。

每一本名人傳記都是一個偉人的一生，你可以從中看到，當他們遇到困難，無論大事小事，是如何思考、如何決策、如何堅持、如何克服困難的。他們也曾遭遇很多失敗和沮喪，有些很嚴重，比如進了監獄、被公眾誤會等，這些巨大的困難，他們又是如何撐過來的？讀讀別人的故事，再設身處地地思考，你會發現自己生活中遇到的那些事，根本不算什麼事！

如果你覺得自己不平凡，如果你覺得自己應該比現在過得更好，如果你覺得自己是做大事的人，那麼，讀點名人傳記，讓自己具備大將風範吧！每時每刻都要覺得自己是做大事的人，別總是在小事上拖拖拉拉，別總是糾結在雞毛蒜皮的事上。當你真的脫離了這種拖延時間和生活狀態的心態，你才可能專注做更多的事，也才能取得一點點自己過去得不到的成就感。

否則，你的人生將會在無限蹉跎中度過，到頭來什麼都沒有得到。唉聲嘆氣也沒有用，你只能看一些勵志文章自我安慰，並眼睜睜看著別人越跑越遠，你連他們的腳後跟都看不見了。

⑵為什麼神人一天有四十八小時，能做好多事？

把自己不擅長的部分分出去給不同的人來做。表面上損失了一些錢，但自己省心省力省了好多好多時間，心情更舒暢了，也有時間做更多的事情。

很多人問我，為何我能做好多事，以前我會回答，可能是我腦子快手快吧。但仔細想想，我先生在這方面教了我不少重要的做事方法。正好在這裡跟大家一起分享。

讓專業的人做專業的事

最近朋友創業，請我幫忙找人做行銷。我幫他找好了人，結果沒幾天那個做行銷的人就來跟我說不幹了。原因是無論他做什麼，我朋友都會指手畫腳，以為自己很懂，提各種意見，但事實上他提出的意見都非常不專業，根本無法執行。後來朋友又請我幫忙找設計、找管理方面的人，對方都是沒多久就不幹了，而我朋友自己也氣呼呼地累得要命。

我問他：「既然請了人，為什麼總要自己做啊？他們是專業人士，你多聽他們的啊。」

朋友氣呼呼地跟我說：「我也很專業啊，我也很厲害，我被他們騙了怎麼辦？我當然要提出我的意見啊。都怪他們，你看看我一點進展都沒有，各方面都停滯不前。」

我又問他：「既然請了人，就要信任啊，疑人不用，用人不疑啊！」

朋友撇撇嘴：「那不行啊，我不放心，再說我也很專業啊，我哪裡比不上他們？」

我先生說：「讓專業的人做專業的事，是最事半功倍的方法。」

能花錢做的事，就不要花時間

過年的時候，我自告奮勇去清理家裡的抽油煙機，以為有幾瓶專業的清潔劑，就能快速洗乾淨。結果抽油煙機被我拆了，兩小時都沒洗乾淨，而且裝回去困難重重，還弄壞了幾個零件。其實我大可請專業人士來清洗，兩小時一百塊錢就夠了。我用了一下午的時間，並沒有得到自己想要的結果，反而把自己累得半死，沮喪得要命。

我先生對於我做家事辛苦又沒結果早就見怪不怪，通常只給我一句：「誰叫妳要自己做，請人來做啊，他們都有專業的工具和設備，比妳做得好多了。能花錢的事情，不要用時間。表面上花了錢，但省了自己的時間，可以創造更多的效益，還能為別人提供機會，何樂而不為呢？」

現在自己做專案，也深諳這種方法。很多專案中的內容並不是我所擅長的，以前總覺得自己熬夜也要吃下來自己做，現在總算學會把自己不擅長的部分分出去給不同的人來做。表面上我損失了一些錢，但自己省心省力省了好多好多時間，心情更舒暢了，也有時間做更多的事情，而合作的人也都非常開心，合作起來愉快又有效率。

做事用腦子，不要在小事上糾纏不休

什麼叫做事用腦子呢？就是無論做什麼事情，別人說過的、寫過的、告訴你的事情要注意聽、仔細看，能查詢的內容自己動手去查，不要反反覆覆地問，浪費自己時間，也浪費別人時間。

比如，前陣子朋友公司開了一個圖書銷售平臺，寫得非常清楚如何使用，但還是很多人天天發郵件或打電話問：「在哪裡登錄啊？」、「離開鍵在哪裡？」、「儲值能用某某銀行的卡嗎？」有的人還聽不懂，必須一步一步截圖才能看懂。其實這些內容，網站的使用說明上都寫得很清楚，自己耐心看一下，研究一下就了解了，但卻非要花時間問，等對方有時間回覆你，一整天又過去了。

固定時間，做該做的事

上班的時候有公司制度幫你安排時間，幾點上班，幾點吃飯，幾點開會，幾點下班，一天緊張忙碌但有條不紊，十分充實。但週末或者放假，每天的時間由自己安排，很有可能剛要吃飯卻想看書，剛要看書卻想上廁所，上了廁所、玩了一會兒手機，就忘了看書。時間就這麼一點點溜過去了。

電視劇裡說過一句話：「週末的時間也是時間，時間就是金錢。」若你想要利用週末放假做點事情，自我時間管理非常重要。我的經驗是定好什麼時間做什麼事，讓自己養成習慣。

比如，我會安排早上工作，中午孩子睡覺時讓清潔或美容師上門服務，下午小朋友睡醒後帶他出去玩，晚上孩子睡覺以後上英語課、讀書寫作；或者上午休息、下午出去玩、中午孩子睡覺的時候工作。當然這樣的安排有時候會被打斷，但大體上不會有太大變動。這樣不僅能清楚控制自己的時間，不會因為突發情況而慌張，也不耽誤陪伴家人和孩子。固定時間，做該做的事，養成習慣後，做事就能有條不紊。

我有一個朋友是全職媽媽，自己一個人帶，沒人幫忙。從孩子三個月開始，她每個月都帶孩子出去旅遊；不去旅遊的日子，就天天泡在各種遊樂場、採摘園、動物園等。我曾經寫過她的故事，很多讀者說：「絕對不可能，肯定有人幫忙，否則帶孩子怎麼做美容？」、「騙誰呀，全職媽媽每天累得半死，她這麼玩，那誰掃地、拖地、做飯、洗衣服？」

我去問了她這樣的問題，她回答說：「去美容院我都帶著孩子，他在旁邊玩，我躺著做美容。在家政公司買張卡，能打折，一小時二十塊錢，一週打掃阿姨來個兩、三次就行了。孩子睡覺的時候，我去做瑜伽、鍛煉、健身。晚上孩子的爸爸回家以後，幫忙帶一會兒，我則做第二天的外出計畫。孩子睡覺了，我開始做兼職的工作。帶孩子當然有很多雞毛蒜皮的小事，但大事化小、小事化無就行了。如果孩子尿褲子這種小事妳都要抱怨、生氣，覺得給妳添了麻煩，那就真是什麼都忙不過來了。心累，比什麼都辛苦。」

(25) 關閉微信朋友圈以後

解決手機依賴症的根源，並不在於強制自己把手機放得遠遠的，而在於把更多時間花在一些更有意義的事情上，讓自己因為成就感而充滿自信。

長時間以來，我都覺得自己把所有時間都花在手機上了，可是手機到底有什麼好看的呢？除了一些APP可以代替電腦買買東西、查查資訊以外，也就是看看微博、微信朋友圈。其中看微信朋友圈是消耗我最多時間的，即便沒有任何朋友更新，或是朋友更新的內容可能自己不感興趣，還是習慣性地滑一滑，看看別人的動態，看看有沒有人圈我。可是仔細想一想，這些動態跟自己到底有什麼關係呢？

以前我們覺得朋友圈裡的都是自己日常生活中的好朋友，但現在很可能包含許多根本不記得為什麼加入的人；以前以為朋友圈的朋友是可以分享生活快樂與苦惱的親密友人，但事實證明很多人甚至連按讚的交情都沒有。有一天我決定關閉微信朋友圈幾個小時，看看生活到底有什麼變化。

首先，我關閉了微信朋友圈。

一小時之後，我還是會很手賤地打開微信，習慣性地點一下原本朋友圈的位置，然後赫然想起自己已經關閉了朋友圈。此時我並沒有因為看不到朋友圈而失落，反而暗暗提醒自己應該去做點別的事情，去睡覺都可以。

兩小時以後，我還是忍不住習慣性地點一點，但是這種想看朋友圈的衝動會越來越弱。

七個半小時之後，我想晒個照片，但既然我已經關閉了朋友圈，不應該再為了一張照片打開它。這段時間也不可能有人在朋友圈找我，如果他們很緊急的話，一定會用其他方式找我。

當天晚上，我再度把朋友圈的功能打開，卻發現整整一天也沒有什麼人圈我，我的朋友們也一如以往地晒吃喝玩樂的照片，並沒有什麼特別的事情。

也就是說，這一天沒有了朋友圈，我並沒有錯過什麼天大的新聞。相反的，我好好地陪著孩子出去玩了一下午，享受優質親子時光，晚上還讀完了一本書，寫了兩篇書評，收拾了一下屋子。我並沒有不看朋友圈，我只是暫時關閉，到了晚上再花十五分鐘瀏覽一下，其他時間我都充分利用了。

很多人認為自己需要透過朋友圈了解很多資訊。沒錯，但是如果不透過朋友圈，而是自己主動關注一些公眾號也可以看到這些資訊。再加上現在很多內容並不是完全準確和真實，所以根本不一定要看。當我嘗試暫時關閉朋友圈之後，我就漸漸地離開了手機，開始思考自己到底為什麼那麼依賴它。

我發現，人們離不開手機，其實是害怕自己被別人遺忘，害怕落單，想要用這種方式來表現自己的存在感，讓自己與這個世界接軌，覺得自己還是知道很多新鮮事，還是能發一些內容告訴別人我在幹嘛。看到別人的發文就去留言或者按個讚，這些行為本身不會花費我們太多時間，但卻容易無形中讓我們一直處在這個行為裡出不來。甚至很多人習慣了碎片閱讀後，連一篇超過兩千字的文章都看不下去，更不用說讀完一本書了。

沒有手機就會緊張，出門沒帶手機就好像沒有穿衣服一樣難受，這恐怕是目前所有人都得了的病。戒掉手機依賴症，是每一個現代人都想要做到的事情，但是很遺憾，大家都做不到。

雖然在這方面我依然沒有做得很好，但有一些小小的經驗可以跟大家分享：

一、每天關閉朋友圈[3]一段時間，只在一個固定且短暫的時段打開，看看今天的資訊。

二、只保留必要的 **APP**，因為你無聊的時候就會打開每個 **APP** 去看，這無形中花掉你很多時間。而這些 **APP** 中，也有很多會促使你消費，其實有些東西如果沒看見，

3 在台灣則還有臉書、推特、IG 等更多平臺需要控制使用時間。

就不會買。

三、你可以下載一個能記錄時間的APP，這聽起來好像跟上一條衝突，不過這個APP可以記錄你花在每一件事上的時間。使用一週之後，你再回頭檢視，會發現在很多事情上你花費的時間，比自己想像的要多太多了，有時候連你自己都會嚇到，比如說滑手機、閒聊發呆。可能你無意識地浪費了很多時間。

擔心接不到電話，擔心看不到最新消息，其實只是內心的不安全感和害怕被遺忘的心情作祟，但這也僅僅是表象。或許解決手機依賴症的根源，並不在於強制自己把手機放得遠遠的，而在於把更多時間花在一些更有意義的事情上，讓自己因為成就感而充滿自信。在關閉朋友圈的時間裡，我完成的事情越多，內心的成就感就越大，自信心就越強，感受到自己的進步，這種成就感遠遠大於看到一條最新的朋友圈資訊。

㉖你窮，就得給你打折或是免費試用？

從骨子裡覺得自己永遠賺不到錢，永遠都會這麼窮。即使有一天想要努力賺錢或者已經不窮的時候，也會下意識地認為自己窮。思想窮，難致富。

我的朋友圈裡有個賣皮包的微商，叫大表姐。我最大的樂趣就是看她的朋友圈。這個年輕小妹妹不但賣東西賣得好，人也非常有個性，對很多奧客買家的評語風趣幽默，痛快淋漓。有一次，我看到這麼一段話：

「我並不是一個心靈雞湯的愛好者，也沒有能力教各位過美好人生，因為我自己還跌跌撞撞呢。但是我明白一個非常淺顯的道理，對於我這種能提供批發價的賣家，你依舊覺得，哇，好幾百，這麼貴啊！那我個人覺得，原因不應該在賣家身上。我說話不太好聽，但是你應該明白，你活了幾十年了，聽見八百、一千的皮包還很難接受的話，你該考慮的是：未來就這樣可以嗎？人生是不公平的。我曾經也覺得自己有點才華，但最後不也淪為一個賣皮包的嗎？各位共勉之吧，真心希望大家都過得好，這樣才能買買買。」

在日常生活中不免會遇到這樣的人。年紀一大把了，不管發生什麼事情，只要一提到花錢，就說自己很窮；彷彿自己理所當然沒錢一樣。我沒錢，你就該給我個折扣，甚至讓我免費試用最好了。

我最不喜歡聽到的一句話就是：「星姐，我是窮學生，妳幫我推薦個免費的。」或者「星姐，我很窮，妳告訴我怎麼理財才能最快實現財務自由。」身為一個特別愛錢的人，我特別不喜歡聽到別人說自己窮，因為一聽到這句話，我就覺得你會永遠窮下去。如果一個人為自己貼上了「窮」的標籤，那他就很難翻身了，因為他從骨子裡覺得自己永遠賺不到錢，永遠都會這麼窮。即使有一天想要努力賺錢或者已經不窮的時候，也會下意識地認為自己窮。思想窮，難致富。

以前看過一個網友的留言，他說自己家境不好，但又想去大學進修，可上課需要付錢，於是他邊讀書邊賺錢。參加各種進修課程花了三萬五，而他打工賺了三萬，等於沒花多少錢就獲得成長。再回頭看學校的同學，吃吃喝喝的錢都有，花錢學習就喊窮。這個留言我印象特別深刻，我喜歡這種勤奮上進、自己想辦法的年輕人。我覺得一個人窮不可怕，可怕的是窮還不想辦法，天天做白日夢，傻等。

我常常疑惑，那些知道自己窮的人，為什麼天天喊窮，為什麼不去賺錢？我窮的時候，一天三十塊錢的超市促銷員我也做，兩小時三十塊錢的家教我也做。我覺得一個人只要真心想賺錢，怎麼樣都能賺到一些，就算賣鹹鴨蛋也能賺錢。很多人愛問：

「他們都怎麼賺錢的？我身邊就沒有這樣的機會。」其實不是沒有，是你不善觀察，也不想找到這些機會，更不想那麼辛苦。比如，我朋友圈裡有個媽媽做進口衣服賺錢，有人自己做酸辣粉賺錢，有人做代購賣水果等。只要你想，從最小的事情入手，慢慢都會積累自己的客戶和管道，關鍵是很多人想想就覺得麻煩，覺得賺不了大錢，就放棄了。

我也不知道為什麼學生總要把自己定義為「窮」，因為自己還沒入社會，還拿爸媽的錢，覺得不夠花就理所當然喊窮而不去想辦法賺嗎？一個在校生沒有勤工儉學或者校外打工認識社會，沒有自己努力賺過一毛錢，沒有主動為自己的人生和欲望付出過任何代價，天天喊窮，希望別人施捨，希望一畢業就拿高薪，這有點說不過去。就好像沒有任何戀愛經歷，卻希望大學一畢業就遇到有房有車有錢、人好貌好工作好的金龜婿一樣，機率太小。

當然，很多人說：「上學就是要好好學習，想要打工賺錢就不如別念書了。」說得很對，但是，你真的專心讀書了嗎？你的成績真的很好嗎？還是在宿舍追網劇呢？要你學習，你卻在打線上遊戲；要你累積社會經驗，你不是嫌錢少，就是藉口沒空讀書。這不就是大多數人的大學寫照嗎？以這樣的想法和精神進入社會，也確實不容易富裕起來。

一個人大學時候的想法和精神，會延續到進入社會。我的一個好朋友，小令，大學畢業那年同時被哈佛和劍橋錄取為研究生，但因為家境問題，選擇在北大繼續讀研究所。她想賺錢減輕家裡負擔，每天就在學校餐廳吃最便宜的菜，先打工後創業，三年賺了十萬塊，然後拿這些錢去創業，全盛時期一天賺十萬。如今她第三次創業，開了十多家沙拉店，拿著幾千萬的風險投資，依然天天工作到半夜兩點，朋友圈裡經常看到她累得翻白眼的身影。現在的她，已經不為錢了，完全是為了理想在奮鬥。

有一篇文章寫到，如果你總是買自己付得起的廉價商品，就永遠不會有賺錢的欲望，因為你根本沒機會見到好東西。所以，當你買東西的時候，一定要買價格讓自己心痛一點點的東西，因為只有購買這些東西，才能讓你覺得自己需要更加努力奮鬥。賺錢就是這樣，每個人賺錢都是為了一個目標，比如家庭、孩子、父母、自己的欲望、虛榮心等。當你有欲望、有目標的時候，才能激起鬥志；沒有任何追求的話，你就會得過且過，抱怨自己找不到賺錢的機會，只能每天苦哈哈地等著打折大減價。而等待你的，永遠是沒完沒了的地攤貨和無窮無盡哭窮的話。

很多網友問我：「我對上班沒興趣，有什麼兼職能賺大錢嗎？」或者「我沒什麼專長，做事又慢，怎麼做才能財務自由呢？」我覺得既然如此，你就繼續窮吧……

所有的「沒辦法」，都是因為想得到某些東西的欲望不夠。

⑵⑺ 為何那些被認為是神經病的人，過上了讓你羨慕到哭的生活？

人生，或早或晚，無論是壓力，還是運氣，都是固定的。躲得了一時，躲不了一世。既然都要還，不如早一點還。

有一天跟鄰居媽媽聊天，提到兩個孩子未來出國留學的話，不知道要準備多少錢，加上通貨膨脹，估計是個現在想都不敢想的天文數字。鄰居媽媽說，她的主管十五年前在荒郊野外買了兩棟別墅，現在荒郊野外已經開發成別墅區，兩棟別墅每年每棟租金五六十萬，正好供雙胞胎孩子在國外讀書，不但每年收入都有保障，而且一點也不影響自己現在的生活。看看人家的人生計畫，簡直是完美啊！

我問她，以前荒郊野外的別墅是不貴，但能買得起兩棟也很有錢了吧。

鄰居媽媽說：「他年輕的時候也沒什麼錢，就是膽子大，敢賭。當年買別墅也貸了很多錢，然後拚命工作還錢，買了別墅五六年後才裝修入住，期間一直都沒錢。要是換成我，別說是沒錢不敢借也不敢賭，就是有錢也不會投在荒郊野外。」

他買的別墅在十五年前，不到一百萬，他先付了頭期款，大約二三十萬。回想一下，十五年前我也能買，但沒這麼多，肯定要借至少二十萬。但十五年前誰敢借二十萬，見都沒見過，感覺一輩子都還不起。可當初要是給自己點壓力，現在都翻十倍了。當年覺得他們都是神經病，給自己那麼大壓力怎麼活，但現在反過來是我們的壓力比較大啊。

曾經跟一個前輩聊天，那天我們一行人在外面喝茶，他談到目前的生活狀態和未來打算，我隨口提到：「您現在的生活，是多少後輩夢寐以求的，不缺錢也不缺時間，真是完美啊。」前輩說：「你們這樣覺得，是因為你們沒見到我為這個行業付出的一切。我年輕的時候，一天工作十八小時是家常便飯，現在的閒適都是靠早年辛苦換來的，人生哪有有錢又有閒的好事！」

我舅媽也是這樣的人。二十年前跟著公司從老家來到北京，那時候我才上小學，記得舅媽每週末都坐一夜火車回來，週日晚上再回北京。期間幾次我到北京玩都是住舅媽家，起初我跟舅媽住在公司宿舍裡，然後是出租公寓，等我高中去的時候，舅媽已經住在自己買的房子裡了。我記得舅媽當年有很多朋友勸阻她，不要她到北京發展，覺得不切實際，壓力大，在小城市多好，依山傍水，家人又在身邊。一個女人拚命賺什麼錢，差不多生活無虞就行了。身為女人還那麼拚命，不是神經病嗎？

現在舅媽快五十了，她有沒有實現自己當初來北京時立下的目標我不知道，但她生活得很好、很開心，而那些當年勸阻她沒必要自己闖的人，有的丟了工作，有的日子過得入不敷出，有的一直蝸居在破爛的小房子裡。

我不知道自己會不會像她一樣有勇氣，年紀輕輕就離開家鄉，來到競爭最激烈的城市打拚，為自己年幼的孩子，為自己其實還挺迷茫的未來。我也不知道自己能不能像她現在一樣，過上自己想要的生活。

很多人說她命好，有福氣，有運氣，可我清楚記得她每週五坐火車回來，每個週日晚上坐火車走，一轉身，滿眼淚，這樣一奔波，就是十幾年。

以前看過一句話：「大部分人在進入社會幾年後，都會選擇容易的生活和工作方式。每個人都覺得自己已經很辛苦了，於是本能地選擇既閒適又有趣的生活方式。」

我二十多歲剛入行的時候，主管不斷告訴我，前三年不努力，三年後就要努力一輩子。現在回想起來，自己雖然不是最努力的那一個，但職場上所有的規範和準則都在前三年打下基礎。前三年逃避的訓練，果然成為之後職場生涯的弱點，而前三年沒有打好的基礎，果然成為之後生活裡害怕的事。

我們總覺得，給自己太大的壓力會過勞死，會心肌梗塞、腦栓塞，你看年輕人生病的越來越多，錢那麼重要嗎？人生快樂自由更重要吧。

但是等自己三十歲的時候，才發現年輕的壓力哪能跟人到中年比。年輕的時候一人飽全家飽，父母健康，孩子尚小。可人到中年，父母健康不保，孩子教育隨隨便便就花掉幾萬塊，如果還遭遇中年失業或家庭換房換車，那更是雪上加霜。這真是應驗了那句話：年輕時候不吃苦，等著吃苦一輩子。

很多人說我很拚，生孩子前一小時還在工作，其實並非我是工作狂，我只是想把未來的中年壓力稍微分散一點。我不知道自己的未來會怎樣，是不是也焦頭爛額，但至少，我現在多努力一點，多辛苦一點，以後就能少慌張一點。人生，或早或晚，無論是壓力，還是運氣，都是固定的。躲得了一時，躲不了一世。既然都要還，不如早一點還。

壓力是種很奇怪的東西，每個人都害怕，都緊張，但我們不得不承認，壓力會帶給積極樂觀的人無窮的戰鬥力，就像《荼蘼》中的一段話：

「其實買房子只是買房賣房的生意，你要擁有的不是兩千萬的現金，而是兩千萬的勇氣。名牌，甚至愛情，那都不是擁有。野心，才是真正的擁有。當你付了訂金，就等於為自己買下了野心。你會督促自己，拚命地生出錢來。」

(28) 別總喊女權，最看不起女性的其實是女性自身

工作能幹，肯定是與男上司有染；生活優渥，一定是有老公或者婆家當靠山。這些八卦通常出自女性口中，這種來自女性內心的窠臼，恐怕才是最可怕的。

有天和朋友們一起吃飯，席間提到了共同的朋友小安。

小安幾年前開始創業，創業期間生了兩個孩子。現在不僅事業做得有聲有色，而且還是身材容貌都超好的美魔女，可說是女神了。現在小安的公司員工加起來大概有三四百人，在業界小有名氣，如此發展下去，估計不久就可以去納斯達克敲鐘[4]了。

這時候，有人突然提到：「還不是因為她老公很神，她才有今天嗎？」

確實，小安的先生很優秀，但領域跟她的事業完全不相關。小安當年從大公司辭職創業，老公很支持她，不過也只是精神上的支持，畢竟領域不同，也幫不上什麼

4 成為上市公司之意。

忙。

「對啊，還不是因為她找了個好老公！老公賺錢多，她才能安心創業啊，像我們家，少一個人賺錢就三餐不繼了，哪能說辭職就辭職。」

「再說，就因為她老公有錢，家裡能請兩個保母，所以生完孩子才能去健身美容，誰沒生過孩子啊，都累死了，哪有力氣去健身。」

「就是啊，她如果嫁了一個普通男人，哪能過現在的生活？」

「現在公司做那麼大，還不知道背後用了什麼招數呢！不然一個女人，怎麼可能有這個能耐？男人都不一定做得起來。」

聽到這些話，我真是從腳底發寒。

小安跟我沒多熟，她怎麼打拚的我也不知道細節，但我們曾經在同一個集團工作，雖然當時並不認識。她有一次吃飯的時候跟我說，她當初之所以從公司辭職創業，就是希望讓孩子住有庭院的房子。她先生是工程師，有名望，但別指望他買大房子。因此她選擇創業，找了合夥人一起成立現在的公司。結果趕上了大環境好，五年就發展成現在的規模。如今他們有錢買大房子，反而不想買了，把錢都投資在公司運營裡，一家四口住在大學的教職員社區，鄰居都是知識分子，對孩子的教育非常好。

小安的一個下屬跟我說：「天哪，在我們公司，懷孕都不好意思休假。雖然沒有明文規定，但當年老闆懷孕兩次都是臨產前才從公司去醫院，出了月子就積極健身，產後兩個月就來公司開會了。我們做下屬的壓力很大啊，同樣是女人，老闆這麼拚，我們怎麼好意思懈怠？」

很多時候，我們看到別人比我們強，心裡不服氣，但又知道自己拚不過，就開始揣測別人一定有什麼不可告人的祕密。特別是提到身邊的哪個女性特別能幹，第一個被問的就是：「她老公是做什麼的？」如果恰好她老公也很優秀，就一口咬定是靠老公起家，什麼努力都看不見了。如果恰好她老公比較普通，又會哀嘆：「真可惜，只能靠自己打拚了，她怎麼想的？怎麼嫁了這麼個人！」要是朋友恰好還有張好看的臉和身材，那話就會變得不堪入耳。

女權天天都在喊，可其實看不起女性的都是女性，潛意識裡總覺得嫁得好可以秒殺一切。很多女性覺得，我們曾經是一起吃喝玩樂的人，憑什麼妳比我過得好？還不是因為妳嫁得好？有一個好男人，就可以不用努力了。這麼聽起來，男人只要有點本事，各個都能當超人用。

如果說，女性每時每刻都在對抗來自男性的歧視，那麼女性自己內心的歧視呢？很多女性骨子裡覺得，女性不可能靠自己買房，不可能靠自己付得起豪宅的租金，不可能有能力過上富裕的生活。工作能幹，肯定是與男上司有染；生活優渥，一定是有老公或者婆家當靠山；如果真的什麼都不靠，大齡未婚女性爬到高位也會被人說「這麼大了沒人愛，好可憐啊」之類的話。而這些八卦，通常出自女性口中，這種來自女性內心的窠臼，恐怕才是最可怕的。

以前年會看到總公司中國區的老闆偕太太一同參加，很多女同事都很羨慕他太太，覺得她一定是個什麼都不缺的貴婦人吧，可其實她是另一個跨國公司的中國區總裁。另外一家公司的中國區女總裁天天都有老公來公司接送，大家猜想她老公一定是個浪漫又有錢的人，是的，女總裁老公是歐洲的音樂家。妳是什麼樣子，就會跟什麼樣子的人在一起。

結婚是一場修行，是兩個實力相當或者說門當戶對的人，在一起創造更加美好的生活。而所謂的實力相當，並不一定是指工作和賺錢能力，美貌、身材、精神、氣質、內涵、思想都可以稱為能力。總覺得別人是高攀或者下嫁，是因為妳只看到了金錢的匹配度，而看不到其他。但妳放心，婚姻這種人生大事，誰都不是傻子，誰都不會當兒戲。想要和優秀的人在一起，得先讓自己變得優秀，而不是天天吐槽別人老公是不是瞎了眼，為什麼選了妳覺得比自己差的那個人。

㉙名校和非名校最重要的差距，悄悄影響我們的一生

名校與非名校的差距不是收入，而是思考方式與做事標準不同。名校在自律、進取、積極、勇敢方面帶給人的影響，可以是一生，甚至是幾代人。

每到六七月高考公布成績的時候，很多人都會因報志願而感慨。我收到一些來信，都是高三學生，信中說：「星姐，我高考成績一般，只能上二本[5]，但當年妳也是二本畢業的，我覺得我畢業時能跟妳一樣好。」

等等，聽說我。我是二本畢業的，可能你覺得我現在還過得挺好，但我依然覺得我跟那些名校學生有巨大差距。這個差距不是畢業後的薪水，也不是教育水準的差距，而是思考方式與做事標準的差距。為什麼這麼說呢？

我一直沒辦法清楚地描述這種差距，不過我曾看過兩段話，我覺得描述得非常貼切：

5　大陸學制，意思是第二批錄取，與一本（第一批錄取）相較，學校或是科系較差一些。

「一個成熟的人，他的標準來自他的內心，而大多數人卻受環境左右。一個年輕人，進入一所不那麼優秀的學校，對自己的標準會不由自主地降低以適應這個環境，減少自身與環境的衝突，而這種做法對他們的人生也許是致命的。」

「那些考入二三流大學的學生，因為高考帶來的挫敗感、二三流學校學生的身分設定及環境暗示、不稱職的老師所引發的失望以及同學間放任自流氣氛的帶動，都容易讓他們在低標準下，自覺『滿意』地度過每一天。」

看到這兩段話的時候，我想起大三大四在北大交流學習的感受。在北大最讓我震撼的不是老師多神、同學多聰明，而是大家都積極努力的氛圍。比如期末考試過後，自習室依然燈火通明，上課永遠人滿為患，課間二十分鐘換教室時間，學校裡到處都是啃麵包奔跑的人。每個人都「毫無時間觀念」地瘋狂學習，參加各種活動。在我眼裡，他們永遠充滿鬥志，談起各種競賽和活動都特別興奮，每天從睜開眼就忙得不可開交，到晚上一兩點睡覺都是常事。沒人抱怨辛苦，也沒人抱怨生活艱難，大家每天都忙得雞飛狗跳，但又非常開心。

我一直記得的，是這種從每個人身上散發出的精神，不由得帶動我，雖然我跟他們差距很大，但也想要向他們看齊。直到現在，我仍用身邊最神的人的標準來要求自己，雖然經常做不到，但這讓我成為一個對自己有要求的人，在自律和自省中生活，雖辛苦但不斷進步。

我的大學是二本學校，也有一些二本學校的網友寫信給我說明現狀，如果自己努力學習就會遭到周圍人排擠；同學們都抱怨老師不好，天天在宿舍睡覺；學習氛圍很差，只有遇到考試才努力學習等。而稍微努力一些的同學（比如我），如果不去看看外面的世界，就會覺得自己相當不錯，或者覺得自己的努力被同學排擠孤立，可能是自己的錯。

其實每一個同學進入大學的時候，都懷著努力學習的心態，一二三本都有好學生，也都有特別努力勤奮的人，但為什麼走著走著就消失一大半呢？其實就是這句話：「對自己的標準會不由自主地降低以適應環境，減少自身與環境的衝突，在低標準下，自覺『滿意』地度過每一天。」

為什麼大企業喜歡錄用名校學生？

為什麼大企業喜歡錄用名校學生？非名校畢業生表示不服！當年我也覺得不服氣，非名校學生也有努力的，為什麼要一竿子打翻一船人呢？進入社會久了我才明白，其實大企業要的不是多麼高的成績，而是一種內在的精神。就像某篇文章描述的：「那些年薪百萬的年輕人，他們拿著高薪，卻依然選擇努力工作到深夜，而且他們的狀態很不一樣，每天都因為自己讓世界變得更好一點而振奮，非常積極。他們的辛苦不叫辛苦，也不是為了百萬年薪。辛苦是他們自我實現的途徑，自我實現讓他們快樂無窮。這世界就是一群人晝夜不停地高速運轉，另一群人起床後發現世界變了。」

大部分人的工作和生活狀態是怎麼樣呢？

上班稍微努力點就想講究公平；自己不得志就抱怨公司和主管；下班後看幾頁書就覺得自己很上進；辛苦上幾天班就覺得自己要好好享受生活；加幾天班就擔心自己會過勞死；遇到些雞毛蒜皮的小事就鬱鬱寡歡，彷彿遇到天大的難題；看見厲害的人也會心生羨慕，但總是突破不了，努力卻總不得要領。

當然，話不能說太滿，名校學生也不一定全部都很厲害，非名校出身也有出類拔萃的英才，但大致來說，一個人受環境的影響非常大，「一個二三流大學的學生，能夠勇敢地以名校學生的標準來要求自己，才是恰當的做法，也一定能從中受益。」我把這句話發給一個大學老師，她跟我說：「太難了，我就是這麼要求我的學生，但程度差異太大了，大部分學生不理解，也許畢業後才會理解吧。」

不過，畢業後大概也很難理解。在學校都對自己沒要求，進入社會環境更嘈雜，就更難了，所以，努力的人總顯得那麼不合群。

越能幹，越努力；越有錢，越上進

前幾天回老家，我姐問我，妳覺得北京跟二三線城市最大的不同是什麼？我說：

「北京根本不用跟二三線城市比，北京自己就有不同層次的人群。總結來說就是幾個字：越能幹，越努力；越有錢，越上進。」

寫這篇文章的時候，一個朋友來找我商量點事。她還有五十天就要生孩子了，懷著雙胞胎。她已經財務自由很多年了，在懷孕期間又開了兩家公司，要創建一個女性理財平臺（我經常看她神采奕奕地跟很多白富美在一起）。你可能會問：「這是什麼人啊？」這就是普通人啊；財務自由、有錢、能幹的普通人。

進入社會十年八年後，名校和非名校帶來的光環和訓練差異漸漸不明顯了，更多的是個人經驗、經歷以及社會化程度的較量。有的人生活越過越好，有的人越過越沒方向，甚至日子越來越慘。而造成這一切差異的是個人精神。簡單地說，態度決定行為，行為決定結果。你是一個積極進取的人，還是一個愛抱怨、懶散怠惰的人，決定了你之後的人生。

一個人的精神一半來自進入社會後對自身的要求和改變，一半來自從小到大養成的思考模式與生活習慣。前者改變的機率非常大，但需要付出很大的努力，我們在社會上看到很多學歷普通，但進入社會卻很優秀的精英都來自於此，透過不斷自我革新與歷練，重塑了一個進入社會後的自己。而另一部分人出自名校，一直以來都以高標準要求自己，同時也生活在這樣的環境中，同學、同事都是這樣的人。你會發現，在主管階層或者大企業中，這樣的人比比皆是。

無論他們多有錢，他們的共同點就是特別努力，特別勤奮。這種勤奮不僅僅體現在自己身上，還在自己的伴侶及孩子身上。前幾天跟一個朋友聊天，她是社會知名人士，老公是知名攝影師，有一個五歲左右的女兒。她跟我提起等我孩子大一點，就要上很多才藝班了。她列舉了自己女兒上的課，比如舞蹈、鋼琴、馬術、跆拳道等。也許你會說，孩子太辛苦了，她會快樂嗎？答案是她女兒超級快樂，每天都過著小公主一般的日子，幼兒園一放學就急著去上才藝班，還經常主動提出要學這學那，她媽媽看她實在沒時間，只能勸她大一點再去。

你覺得辛苦，是因為你覺得學習和生活很辛苦，才會覺得小孩子學那麼多更辛苦。但在這些人的生活裡，好奇心強、努力勤奮、積極向上是常態，是理所當然的事情。

我們很難明確地講，名校和非名校帶來的差距到底是什麼，是畢業後的收入還是生活水準。但如果換一個角度，從思考方式和做事態度上來看，名校在自律、進取、積極、勇敢方面帶給人的影響，可以是一生，甚至是幾代人。金錢很難傳承很多代，但精神卻可以永遠流傳。即便是那些非名校出身，但依然在社會上取得不凡成就的人，也擁有同樣的精神與特質，這些透過自我變革和付出巨大努力後重塑起來的優秀者，他們和那些名校出身的優秀人才同樣活躍在人生舞臺上，創造屬於自己的榮光。

那麼非名校出身、還沒什麼榮光的我們該怎麼辦？其實普通二三流大學的學生用名校的標準要求自己，普通人用神人的標準要求自己，即使沒能成為最棒的那一個，也一定好過現在的我們。

一段話送給你我共勉之：「你要用神人的標準要求自己，不斷走到神人當中去，拉近和神人之間的距離。當你覺得自己能夠成為他們的一分子，你就能成為真正的神人。」

(30)辭職創業之後，才理解大公司曾教會我的那些事

不要總覺得自己是個小職員，是為別人賣命、賣時間，而是要認真地觀察和學習，並假想如果自己是公司的老闆，該怎麼思考和決定公司裡的大小事。

以前總有人問我，大公司和小公司到底該怎麼選擇？其實這是個兩難的問題，因為各有優劣，沒有絕對的好壞。但對我個人來說，由於我從實習開始就是在大公司，因此更了解大公司一些，特別是現在辭職自己接案以後，更加體會到大公司的工作經歷帶給我的視野和專業，讓我現在每時每刻都覺得受益匪淺。

大公司有太多比自己優秀的聰明人

我剛畢業就進入一家知名企業，HR 跟我說的第一句話是：「妳的英語還不如母

語好，自己加強練習一下。」當時我覺得怎麼可能，而後發現每個總監祕書英文都流暢得跟美國人一樣，才知道大學時考個 GRE、託福就覺得自己很了不起是多麼幼稚的事。跟自己同組的同事和主管，很多來自世界名校，其中不乏哈佛、耶魯、劍橋，跟他們在一起工作時，我常感嘆跟聰明、有智慧的人一起工作，聽他們說話、看他們做事，都是一種享受。

身在大公司，先不說其他，單說周圍那一群比自己優秀太多的聰明人，就會立刻感覺到自己的渺小，乖乖低頭拚命努力，一點都驕傲不起來，也不會抱怨什麼。現在雖然辭職了，但每當我覺得自己挺優秀的時候，就會想想他們，這些曾經優秀的同事帶給我的壓力和進步，讓我時刻都以最優秀的人的標準來要求自己，讓自己總是動力滿滿。

見過好的，就再也接受不了得過且過的自己。

豐富多采的培訓課程，學會為自己充電投資

很多年輕人選擇大公司的一個重要原因就是培訓。以我畢業後工作的第一家大公司來說吧，公司有全球統一的線上培訓系統，各種學科分門別類，每個人從到職開始就得按時按量完成線上培訓。所有培訓都是全英文，公司系統會追蹤提醒，如果不能

按時完成，會影響個人的升職加薪。

除此以外，工作日的中午或者下午茶時間，公司都會邀請公司內部或外部的各行業大神做線下培訓分享（還包午餐），有時候你會發現自己一直仰慕的大神，正在臺上講課，還能近距離交流，實在是太爽了。

以前覺得又要上班，又要上課實在很累，但習慣了這種學習量和頻率之後，即便離開這家公司，自己也會保持隨時充電學習的習慣，而且根本不會覺得累。

無論多忙多累，自我學習與投資是不斷進步的最大利器，一輩子都是。

一流的標準與多工處理能力，培養無敵專業小快手

Global Standard（全球標準，或者理解為一流的標準）是我的第一任新加坡老闆在面試時提出的標準。她跟我說：「我的要求就是Global Standard，我需要妳將來無論去世界上任何一個地方的同行工作，都能快速上手，不需要任何培訓。這是我的標準，妳接受，就來。」

我一直記得老闆的這句話，雖然我已經不再是她的員工。無論是後來的工作，還是現在自己接案，我都努力恪守這個準則，對人對己要求都很高。凡是跟我合作過的客戶都覺得我很專業，其實是實踐老闆當年這句話。

除此以外，大公司因為事多人少，一個人當三個人用，多工處理能力非常重要。畢業第一年老闆找我談話，特別提到我的多工處理能力比較差，做了A就顧不上B，從那之後我就特別注意這種能力的培養。如今，很多人都說我是工作、生活小快手，一樣的時間我總能比別人做得更多更快，其實這也得益於當初公司對我的瘋狂磨練。

以前讓我崩潰的事情，事過境遷才發現，是最讓自己受益的地方。

我曾經參加過一個職業訓練，談起大公司小公司的選擇話題，有一個培訓師跟我們說：「哪一種職場都不是百分百完美，最重要的是，走進職場不要總覺得自己是個小職員，是為別人賣命、賣時間，而是要認真地觀察和學習公司及每一個部門的運作體制，並假想如果自己是公司的老闆，該怎麼思考和決定公司裡的大小事，這樣才能讓自己得到最大的格局和視野。」

以前在公司的時候，並不覺得有什麼，等到辭職自己接案，才感受到公司在自己身上留下的烙印。或許是一種行為準則，或許是一種人格底線，又或者是面對未來幾十年工作的精神態度。但無論是什麼，最重要的是把自己認為正確的部分保存下來，鐫刻在生命裡，成為自己的一部分，不斷成長，伴隨著自己越變越強大，越變越美好。

(31)別人的成功都是特例，所以你就可以不努力？

你總覺得別人的成功是特例，自己是普通百姓做不到也理所當然，那你還是回去看瑪麗蘇小說吧，畢竟那更能安撫你不知該安放在何處的小心臟。

每次寫點周圍的人努力生活的文章，總有人跳出來說：「星姐，妳說的都是特例，他們成功是因為××，我沒有這些條件，根本不適用於我。」每次看到這種評論我就有氣！

看到別人成功，總是強調別人有爸媽、有背景、資源豐富、命好、公司好、主管好，唯獨不看看自己努力過沒有！一提到努力就說努力沒什麼用，怎麼拚都比不過那些神人，所以你就該上班時間上網聊天，下班以後渾渾噩噩？然後就能比那些比你有錢有能力有資源還比你更努力的人過得好？你指望誰拉你一把、出人頭地呢？你孩子還是你爸媽？

對，你爸媽沒給你那麼多神氣的背景和條件，還需要你拚命賺錢買房、還房貸，所以你就抱怨社會、抱怨父母？再過幾年變成一個滿嘴怨氣的中年人，天天對著你的孩子唉聲嘆氣，然後教育你的孩子：「老子這輩子不行了，兒子你要爭口氣啊！」你都這副德行了，憑什麼要求兒子出人頭地？

你爸媽不是富二代，但你能夠成為富二代的爸媽啊！成不了富二代的爸媽也沒關係，你最起碼要成為一個能給孩子點正能量的爸媽吧，你不怕有一天你孩子抱怨你沒用？

還有一類人，倒是不怎麼怨爸媽、怨社會，而是怨公司、怨主管，隨便一開口就是：「我們公司太摳門了，就給這點錢值得我拚命嗎？」、「我老闆人品不好，跟他做不值得我努力。」聽到這話我就替你著急，真的著急。

我的好朋友鼹鼠說過一句話：「你拿不到那個薪水，是因為你不值得那個價。」這句話的意思是，你是什麼水準的人，就進入什麼水準的公司。你要是隻鳳凰，麻雀窩也放不下你。人最怕沒有自知之明，總覺得周圍都是垃圾，自己最厲害。物以類聚，人以群分，年紀越大越覺得這話有道理。

你覺得自己是鳳凰落進雞窩，那你趕緊振翅高飛離開啊，但這時候問題來了，你能走到哪裡去呢？Facebook 職員起薪非常高，但你進得去嗎？微軟、Google 福利待遇好到令人瞠目結舌，但你進得去嗎？工作好多年還沒什麼成績，所以全怪到主管頭上。工作做不好，薪水不夠高，就因為主管不夠好，你不覺得自己太死腦筋嗎？什麼都要等別人教、別人帶，自己不主動找管道學習嗎？主管不是學校老師，必須百分百公正無私、掏心掏肺，還要語重心長地教導你進步，還發薪水給你。工作都是給自己做的，本事也是長在自己身上，就因為你不滿意公司和不滿意主管，就心甘情願原地踏步還振振有詞，給自己找了個不用進步的理由？你傻不傻啊！

我不知道別人怎麼想，反正我每次看到比我厲害、比我強的人比我還努力，就會自慚形穢。他們確實比我有背景有錢有資源，那又怎麼樣呢？我看到的是他們比我勤奮比我努力比我學得多看得遠，其他我都視而不見。當然，我每次看到一些平凡人努力的故事都更加感動，他們可能窮盡一生就為了買一間房，但這是人的夢想，是夢想，就值得感動和鼓掌。怕就怕你沒有夢想，還嘲笑別人有夢想。

有位讀者跟我說過一個故事：「我老公是個老師，班上的學生大多是鄉下小孩，孩子父母在城裡工作，就把孩子帶到城裡上學。我和我老公經常光顧一個麻辣燙小攤，三輪車就是整間店，老闆、老闆娘非常勤快樸實，衣服乾乾淨淨，所以我們一直吃得很放心，何況味道真的好。有一天，我老公告訴我，其實這兩夫妻是他學生的家長，他們家就靠賣麻辣燙在城裡買了一間四十八坪的新房子，還是全額付清。然而，他們的艱辛也不是常人受得了的，夏天那麼熱要站在七八個砂鍋前面；冬天那麼冷，還營業到凌晨。」

當時我想起了我的初中同學。他是一個總被人看不起的男孩子，家裡不富裕，被整個家族看不起。他爸媽清晨賣豆漿油條，白天賣輔助教材，他想出國留學彷彿是天方夜譚，無論是家庭經濟還是個人成績都不具備這個條件。他那些有錢有勢的表哥表姐們大學時都被家人送出國去，什麼都沒學成就回來了，而他大學在國內念，碩士考到了美國的學校，現在博士後畢業。讀博士的時候他交了個志同道合的女友，現在有了幸福的家庭和孩子。看見他晒婚戒的照片，我腦海裡立刻閃現當年坐著三條腿板凳堅持上完一節課的他。

他們算不上什麼成功人士，也就是買了間房、考了個美國博士，你可能根本看不上眼。但是他們不抱怨、不埋怨，為自己的小夢想默默努力，這就是平凡人最動人的地方，也是那些動不動就找理由為自己開脫的人最缺乏的地方。

讀別人的故事是為了得到正能量、激勵自己，不是為了讓你在字裡行間找理由為自己的不努力開脫。總有人說：「我沒有動力啊，誰給我點正能量？請賜予我力量吧！」但真的給你正能量，你卻蒙著雙眼拒之千里，總覺得別人的成功是特例，自己是普通百姓做不到也理所當然，那你還是回去看瑪麗蘇小說吧，畢竟那更能安撫你不知該安放在何處的小心臟。

人最怕的不是沒有理想，是自己沒有，還嘲笑別人異想天開。

人最怕的不是不夠努力，而是自己根本沒努力，還老覺得別人的成功都是特例，覺得社會和他人對你不好，所以自己成功不了。

(32)為什麼你的生活充滿戾氣與憤怒？

遇到稍微比自己優秀一點的人，大部分人會下意識地找一些對方的缺點或者劣勢來讓自己心理平衡一點。

我關係極好的朋友，代購老高，經常遇到奇葩客戶的暴力語言攻擊，她忍不住跟我吐槽，我勸她：「不要用別人的錯誤來懲罰自己，只要他們高興，怎麼都行，不用勸，也不用講道理。」

其實萬事萬物就一句話：「只要你高興，怎麼都行！」

不參與競爭行嗎？行！

不那麼辛苦賺錢行嗎？行！

只想吃飯睡覺打線上遊戲行嗎？行！

孩子每天快樂玩泥巴行嗎？行！

真的，只要有一天你看見別人優秀有錢又開心，環遊世界轉不停，孩子成才又有禮，你別嫉妒、別難受、別羨慕、別心動就行了。

可問題是，太多人只能做到肆意生活，卻做不到不嫉妒不羨慕不恨。比較，是一種再正常又再自然不過的本能了。

你為什麼會比較？

有人說，為什麼要跟別人比呢？自己每一天都進步一點點，自己跟自己比就可以了，人比人氣死人，為什麼要比較？

話雖如此，但我們不是生活在原始森林裡，前後左右就自己一個人。我們都生活在社會和群體中，極少有人能做到不與別人比較。這種比較有時候不是故意的，是自然而然的。一出門，看到鄰居換了輛新車；同事家的孩子會算術了，而自己的孩子只會吃喝玩樂；每年一次的升職加薪為什麼有他沒有我；朋友間誰的男友稍微多金體貼，都能成為爭執的導火線。

先別急著說自己不是這樣的人，想想你遇到稍微比自己優秀一點的人，會有什麼反應？大部分人會下意識地找一些對方的缺點或者劣勢來讓自己心理平衡一點。只有提到比自己強很多的人，才會心服口服地把他們當作偶像膜拜。每個人都愛比較，特別是當自己比別人更好的時候，比如買了新包包、新車，賺了很多錢，都恨不得全世界知道。

「比較」在心理學上被界定為中性略偏陰性的心理特徵，即個體發現自身與參照個體發生偏差時，產生負面情緒的心理過程。但事實上，比較也是一種本能，並非都是壞處。對於積極的人來說，適當的比較，能激起奮起直追的念想，至少不會天天活在自己的小角落裡畫圈圈。但對於消極的人來說，比較會讓內心充滿脆弱的無力感和滿腹牢騷的戾氣。

家長比較孩子，僅僅是因為虛榮心嗎？

有時候我會寫一些兒童教育方面的見聞，大多是我周圍媽媽們的真實現狀，她們的孩子都積極參加才藝班與學校課業。總會有讀者說：

「為什麼不能好好地讓孩子做自己？」

「為什麼自己是個普通人，卻非要讓孩子成為強者？」

「為什麼不能讓孩子快樂長大，而要學一堆才藝？」

能啊，當然能，誰不想讓自己的孩子過得輕鬆又快樂？誰捨得自己的孩子風吹日晒地打棒球，或者在太陽下練馬術呢？但看到別人的孩子比自己孩子優秀，別人能給孩子的條件和環境比自己好，大多數家長都會心急如焚。他們不是著急孩子不優秀讓自己沒面子，而是怕因為自己無能，耽誤了孩子一生！

以前總有媒體報導，美國的孩子生活快樂又輕鬆，哈佛耶魯隨便考。無數家長非常渴望美式教育，並對填鴨式教育嗤之以鼻。但近些年來網路發達了才知道，美國優秀的孩子比我們的高考狀元還努力，那些快樂又輕鬆長大的孩子，大多去領社會救濟。很多外國人專門把孩子送到中國接受扎實的基礎教育。

我家曾接待過哈佛、耶魯兩所大學來華學習的小女生，她們都是華裔，從小出生在美國。問她們如何考上現在的大學，哈佛的女孩說自己學國際象棋十幾年，拿到了所有國家比賽的冠軍；耶魯的女孩說自己各方面都比較普通，只是什麼競賽都參加，每個都得第一名。

你瞧，光聽人家說兩句話，自己都汗顏到不行。你可以不拚、不比、好開心，但孩子面臨的世界都在比：比分數，比才華，比爸媽，比背景；這就是現實。

如果你是無能的父母，肯定恨不得天下大同，沒有任何競爭；只有強者，才不害怕比。這話難聽，但是事實。

人生怎麼過都行，只要你開心

曾經看過一個故事，說兩個老太太在美容院，A跟B說：「真羨慕妳一生跟老公相親相愛，兒女聽話，多好的生活啊。」B跟A說：「妳看妳，一個女強人，叱吒風雲，賺錢又多，我就在這小城裡窩了一輩子。」

人生怎麼過都行，只要自己心甘情願就好，並沒有非要如何。你努力也好，遊手好閒也罷，都是一種人生選擇。人生百態，沒必要非得相同。

任何生活方式都有好也有壞，嫁入豪門的有可能每年年尾都有人來討債，裸婚[6]的小青年幸福甜蜜，但也為孩子居無定所擔憂。每種生活都有得有失，有回報就有付出，關鍵是，你想要的到底是什麼？你必須選一個。

什麼都想要，什麼都不想失去；既想要輕鬆安逸，又不想失去人前顯赫的機會。兩者衝突，就生出了對自己無能的憤怒。於是為了開脫責任，便把這種憤怒化作內心的戾氣，無法平和生活，看什麼都充滿攻擊性，容不得一點別人對自己的否定。這才是大多數人的根本問題所在。

6 不辦儀式、不請酒，戒指、蜜月、婚紗也省略，非常簡單，只有公證的結婚形式。

第三章

要有效努力，不要看起來很努力

任何輝煌成就，
都離不開非凡的努力。
你要做的是有效努力，
而不是看起來很努力。
無效的努力，
只會耗費你的青春，
消磨你的意志，
讓你無所作為。

(33)無效努力與假裝勤奮，讓你累並窮著

是真的勤奮，還是假裝努力？你的努力真的有效嗎？加班都在勤奮打字、冥思苦想，還是先吃兩小時能報銷的晚餐，再頭昏腦脹地打開電腦？

現在的人，很愛拚時間和晒朋友圈。就拿我上健身房健身來說，如果沒有教練在旁邊盯著，你會發現自己跑步永遠跑不到三十分鐘，跟著健身APP永遠都做不完規定動作。因為都在玩手機、看電視、休息。只有教練在旁邊盯著，自己才能在短時間內高效地做完所有動作，教練一走，踩自行車的腿就停下來了。

但自己心裡還是著急沒有完成既定的訓練計畫，汗都沒有流一滴，於是繼續在健身房待著，一待一下午，毫無效率，還消耗了大量的時間。然後對著鏡子拍個照片，表示自己來過了，讓手機裡的朋友羨慕和嫉妒一下，讓他們覺得自己好勤奮。

是真的勤奮，還是假裝努力？你的努力真的有效嗎？除了健身，你做其他工作怎麼樣？加班都在勤奮打字、冥思苦想，還是先吃兩小時能報銷的晚餐，再頭昏腦脹地

打開電腦？上課是聚精會神地聽講，還是到了教室就趴桌子上睡覺？你的時間用得不比別人少，身體也挺疲勞，你做出了一個很累很辛苦的假像，可得到的卻比那些看起來沒你下功夫的人還少。

別人都那麼厲害，你只有絕望的人生

每天熬夜學習或工作，早晨上班暈頭轉向，長期晚上不睡，白天精神不濟，讓你的身體越來越差。別說增加收入多賺錢了，你的身體都快垮了，老闆差點以你夜生活太豐富影響工作而找你談話。為什麼別人每天都神采奕奕，為什麼別人不僅不睏還身體好，自己怎麼就那麼矬？他們都不是人嗎？

你只看到了表象，沒看到精髓。除了極少數的天生精力旺盛者，大部分人都有自己的作息時間。我認識一位著名作家，每天晚上十點睡覺，早晨四點起床開始寫作，八點寫完去上班，開始一天的工作。你光看見他早上四點起床，學著早起了兩天，但之後說什麼也起不來了，人生絕望了。

現在很流行早起，每天早晨五點起床到微信群裡打卡。太多人用五點起床表示自己很勤奮，晒在朋友圈裡，好像自己很努力。但努力之後的一整天，你過得好嗎？如果自己八點才起來，就一定不夠勤奮嗎？

打卡只是一個行為，關鍵是背後的行為習慣。所有人都五點打卡，不意味著你八點起床就失敗了。相反的，如果你要參加這樣的活動，那就找到讓自己五點起床之後能開始有效努力一整天的睡覺時間，這樣你早起才有效，否則你只是人云亦云地模仿罷了。成年人的世界，不再是口號人生，有效，比什麼都重要。

我的效率訓練手冊

以前我也喜歡熬夜，白天晃來晃去，一到晚上就著急地工作，經常做到凌晨兩三點，筋疲力盡，想睡前滑滑手機，卻經常手機直接砸臉上暈過去。身體已經疲乏至極，早晨起來也總是昏沉沉的，一整天都很睏，有時候寫一篇文章要花一整天，總是磨磨蹭蹭，一會兒喝水，一會兒吃東西。後來，我開始有意識地控制自己的行為並提高效率，而不是拉長工作時間。這樣養成習慣之後，我終於有時間看書，有時間跟家人出去玩了。在這裡，簡單地分享一下我的幾個小方法：

一、找到適合自己的有效時間、睡眠時間，進行品質管理

對我來說，最合適的睡眠時間是零點到早晨八點，八點之後基本上就起床開始工作了，所以我從來不參加什麼早起簽到活動。健身和吃冰淇淋是讓我提神醒腦的方

式，雖然最近又迷上了喝茶。吃肉會讓我覺得很睏很累，所以我基本上只吃牛肉和魚類。吃飯不要吃太多，否則會很想睡覺。

二、管理自己的生活節奏，從而管理好自己的精力

我看過很多精力管理的書，有興趣的話你可以去各大網站搜尋。精力管理不僅是管理自己的精神，更是透過合理的方式，管理自身以及自己的生活節奏。比如一整天的時間，你可以選擇早起健身，上午處理最難的工作，下午做需要仔細思考的工作，晚上做不用動腦的事情。如果順序顛倒，可能你什麼都做不好。

三、每天用五分鐘，做好行程管理

讓忙碌生活變輕鬆的方法是做好行程管理。小到出門買醋，大到出差寫報告，我都會用行程管理的 APP 來記錄。這麼做最大的好處是不需要用腦子時刻記著，有事直接寫上去，每天打開看看，做完就劃掉，這樣能清楚地知道自己今天的進度，再也不擔心有事忘記，也不會被突如其來的事情打亂計畫。

四、善用 APP 等高科技工具

現在手機 APP 很發達，很多人喜歡跟風，別人用什麼，自己就去下載什麼。但其實每個人的需求不同，適合自己的 APP 也不同，甚至不需要用到這個 APP 所有的功

能，可能就滿足需求了。所以，我一般在找APP之前，會先想好希望要找的APP有什麼功能，比如搜尋「行程管理」這個關鍵字可能會出來很多APP，下載前三個，一個個打開用用看，就能找到適合自己的。我用的APP基本上都是這樣找到的，簡單好用。

五、白天不要躺下，腦子越用越靈活

無論你在家還是在外面工作，只要醒來，最好不要再回到床上。除非你特別需要睡午覺，否則千萬別停下來。只要一停止工作，哪怕是喝口水，吃根香蕉，你就完了，要重新進入狀態太難了，很可能一小時都無法靜下心來。另外，千萬別擔心用腦過度，你的努力程度離過度還很遠。腦子從來都是越用越靈活，越用越快，不用就立刻生鏽了。

六、規定自己完成工作的時間，勞逸結合

寫一篇文章，花一小時；做一個報告，用兩小時。有目標才有動力，否則拖拖拉拉一兩天做完一件小事絕不是夢。

七、凡事提前完成

老闆說明天要的東西，你能不能昨天就做完，留下一整天的時間修改，或者提前

和老闆爭取一個修改的時間？如果凡事交件三小時前還在緊張地做，不是錯誤百出，就是思考不周全，最後重做的還是自己。

以我寫公眾號為例，除非家裡有急事，否則我基本上都會提前三到七天準備好公眾號需要的所有內容。因為家裡有兩個孩子，大事小事隨時會發生。如果遇到要出差，基本上會把要做的事情提前兩週全部完成，這樣即使出差，一天工作二十小時也不會擔心更新中斷。最重要的是，自己不著急，心情好，做什麼都有效率。

你要相信一點，別人沒有那麼神，你也沒有那麼慘，不要給自己設定太多的目標和太滿的內容，一點一點往前走就好。

⑶4 看了日本女仲介的故事才知道，自己努力為什麼總沒用

其實我們未嘗不知道自己的問題，只不過是懶罷了。反正就是一份工作，有什麼事都丟給客戶和老闆決定，自己就是個傳話筒，差不多就行了。

前陣子花了一個週末，看了一部我原本以為自己不會看的日劇，作為勵志系的日劇，這部劇不僅充滿燃點，還帶給人深深的感動，我眼淚掉了好幾次。以前看日本的紀錄片，會被主角兢兢業業的各種精神打動，想不到一部簡單的職場日劇，燃起的不僅僅是正能量，還能帶來對人與人之間的感情、整個行業和職場的新認識。

房屋仲介負責的不是一間房子，而是客戶的人生

這部劇講的主要是一個名叫三軒家的房屋仲介。身為一名房屋仲介，她總有各種

辦法，把各種奇怪的、看起來賣不出去的房子賣出去。在她看來，沒有她賣不出去的房子。而她賣房子的祕訣僅僅是：她負責的不是賣出去一間房子，而是客戶的人生。用這樣的責任心和使命感賣房子，她總能設身處地地考慮到客戶的心境，考慮到客戶自己都不知道的需求，並將合適的房子推薦給他們。她賣的不是房子，而是賣給客戶一段幸福的人生。

有一對工作忙碌、只能把兒子託付給奶奶養育的醫生客戶，當奶奶去世後，醫生夫婦為了不讓兒子難過，執意要搬到更遠的一棟大房子裡，以為這樣就能讓兒子不再思念奶奶、過新的生活。可惜兒子不僅無法忘記奶奶，甚至不願意離開舊房子。三軒家得知這個問題後，主動提出在夫妻兩人值夜班的那晚，陪伴兒子過夜。在那一夜裡，她仔細觀察了舊房子，並將一棵象徵著奶奶回憶的石榴樹摘一截樹枝做成盆栽。她替醫生夫婦找了一間小、但離醫院很近的二手房子，並將房子調整成舊房子的格局，再加上一棵石榴樹枝盆栽。她直言道：「你們需要的不是一間大房子，而是一間離兒子不遠，每天揮揮手能相互看見，並且讓孩子感覺到奶奶還在的地方。」果然，一直倔強的孩子深深喜歡上這間小房子，夫妻倆也恍然大悟自己長期對孩子的疏離，並感動地流下眼淚。

買房子一直都是每個家庭最重要的事。很大一部分家庭，要用一生的積蓄和努力，去換一間能讓自己安定幸福的房子。以前我不太喜歡房屋仲介，但看完這部片子以後，被深深打動。就像三軒家在最後兩集中說的：「我負責的是客戶的人生。」特別現在房價節節攀升，對於大部分的家庭來說，買房不僅僅是一個簡單的買賣行為，更是一種對未來的希望和對幸福的嚮往。無論是小家庭還是大家庭，買房的時候都憧憬著未來如何妝點這間屬於自己的房子，並在裡面過上十年、二十年，甚至一輩子。而房屋仲介所肩負的，就是這樣一種沉甸甸的希望，甚至是一個家庭一輩子最重要的夢想。

比努力更重要的，是用心和思考

當然，如果從職業角度來看，三軒家之所以敢說「沒有我賣不出去的房子」，除了對這份工作的熱愛與努力，更重要的是用心。對於大部分房屋仲介來說，他們關心的是把手上的房子推銷給客戶，告訴客戶這間房子多麼值得買，CP值多麼高，為何潛力大，為何升值空間大，但似乎沒人關心客戶真正需求的是什麼，他是否真的需要你推薦的這間房子。

三軒家不一樣，她可以把一間賣不出去的低價凶宅，賣給根本不怕死和鬼的醫院護士；她可以把兩套正對門的房子，賣給擔心兒子無法獨立生活的老人家，並為他們做好買下對門收租金好讓兒子一輩子衣食無憂的計畫。三軒家每一次賣房，都不僅僅是尋找客戶，而是尋找一種完美的人生匹配度。她從不把房子硬推銷給陌生人，勸服對方買下，也不說什麼增值或者CP值，她總是告訴客戶：你為什麼需要這樣一間房子，陪你一起度過努力的人生。

沒看這部電視劇的時候，我會把一個人的成敗簡單地歸結為努力兩個字。但在劇中，三軒家的同事們各個都很努力，但為什麼沒有三軒家一半的業績呢？

因為大部分人工作都是做表面功夫，以為做過了，就是會做了、做好了，從來沒有用心，也沒有認真思考過。

這是最讓我自省的一部分。

這年頭大部分人都覺得自己挺努力的，有些人還特別辛苦、特別累，但總是達不到自己的預期，百思不得其解。我剛上班的時候，有一次老闆要我整理一份資料，我洋洋灑灑寫了幾萬字丟給老闆。老闆問我：「這些資訊妳以為我找不到嗎？我要的是妳的見解和洞察，透過這些資料妳覺得對客戶來說最重要的是哪些？為什麼重要？面對這些資料，我們應該做出什麼樣的內容？記住，資訊不值錢，見解和洞察才值錢。」

其實我們未嘗不知道自己的問題，只不過是懶罷了。反正就是一份工作，能給老闆和客戶交代就好，何必思考那麼多呢？有什麼事都丟給客戶和老闆決定，自己就是個傳話筒，反正領一份固定的薪水，差不多就行了。日子久了，大部分人都失去思考的能力，每天像機器人一樣早出晚歸，上班吃飯、下班睡覺，覺得日子百無聊賴，抱怨無趣的工作造就了自己木偶般的人生。

你以為自己很努力，但總看不到效果，可誰說這樣的人生，不是你自己造成的呢？

那些你看上去聰明、能幹、機敏又賺錢的人，哪一個不是用腦和用心一起努力，才換來如今的一切呢？

⑶⑸覺得別人賺錢容易？那你去做

自己做事和上班真的不同。自己做什麼都要靠自己，從開始到最後，責任自己一個人承擔，有沒有收益也看自己表現，有時候還要去追債。

朋友創業賺了三百萬，跑來跟我炫耀。他喜孜孜地跟我說自己多能幹，準備買車買房，希望我加入他的行業，賺錢快。我說：「我不行，你這個工作我做過，需要人二十四小時盯著，隨時都可能變化，太累，我做不了。」

說完這句話，朋友眼眶含淚激動地說：「星姐，妳說得太對了，別看我這一年賺得挺多，但我連跟女友在一起都擔心接到客戶電話，真是二十四小時全年無休啊！別人都說我是暴發戶，說我賺錢容易，可哪有容易賺的錢！」

我最討厭別人跟我說：「妳賺錢多輕鬆啊，隨便寫寫東西就能賺錢，妳這錢來得太容易了。」容易嗎？我不覺得。比如剛開始接稿的時候，我的功力並不是很好，寫的東西經常要按照客戶的意思改很多遍。有時候接業配文，需要將客戶的一大疊產品資料在一個晚上全部看完，並領會其中精神，即使連夜寫出來了，還是有可能要改十多遍。但錢呢？剛開始只有兩三百塊，而且需要等一個月客戶才付款。有時候連錢都沒有，客戶會用自家產品抵稿費；還有的客戶耍賴，拿走了稿子還說你寫得不好不給錢。現在寫作的市場很好，到處都是一篇文章賺別人兩三個月薪水的人，以我個人而言，懷第二胎的時候也經常寫文章寫到凌晨兩三點，一邊寫，一邊感受肚子裡孩子踢踢打打。我責任心強，每次交稿都會惴惴不安，只有稿件得到客戶認可和好評，心裡繃緊的弦才會放鬆下來，安穩睡個好覺。這一切真的容易嗎？

很多網友問我：「下班後想做點什麼賺錢，不知道從何開始、該做什麼？」下班後想做點什麼賺錢，其實就是下班後轉換到創業或者自由工作者的概念，所以首先要知道這兩種賺錢方式的工作狀態。很多人覺得，自己創業多賺錢啊，錢都是自己的；當自由工作者多賺錢啊，想開口要多少錢都可以。可自己做事和上班真的不同。自己做什麼都要靠自己，從開始到最後，責任自己一個人承擔，有沒有收益也看自己表現，有時候還要去追債。而上班雖然也有責任，但不論多少責任都是大家一起分擔，你只需要負責自己手上的工作，公司也是按月發薪水，基本上不會拖欠，更沒有追款的隱憂。而說到加班，自己做事看似自由，但完全沒有上下班的概念，白天黑夜、隨時隨地都要工作。

至於不知道從哪裡開始賺錢，我覺得首先需要知道的是，做這件事的背後你要承擔什麼，自己能不能做得了。比如我周圍很多人做朋友圈裡的買賣，也就是微商，我也常跟他們買，我知道他們挺賺錢的，工作時也好像足不出戶，隨便進貨賣賣就能賺錢。但你要我做，我做不來，因為我不喜歡跟陌生人說話，我喜歡清靜和獨處，也受不了奧客買家，所以這個錢就算再多我也賺不了。一個做水果生意的朋友說，這叫「扒皮」生意，中間賺個差價，其實不難。但不難我也做不來，因為我承擔不了背後要承擔的東西，我沒有這份能力。

我經常會接到非常辛苦和難熬的工作，每次做的時候心裡都很煩躁，覺得要是不接這個工作，自己就能舒舒服服地躺著看書、嗑瓜子，該有多好啊，幹嘛給自己找這個罪受？毫無壓力的生活多麼令人嚮往。有一次跟代購老高說起這件事，老高說：「妳想想錢，為了錢，也要堅持啊。誰不想躺著看電視，我還不想去商場裡買貨呢，但這不都是為了賺錢？」對，做完工作拿到錢的時候，比看電視嗑瓜子爽多了。

曾有一個剛來北京打拚的小妹妹跟我說：「我姑媽要我明年過年回去送她一支手機，因為她覺得我在北京賺錢多，也容易。可北京房租、生活費這麼高，我這點薪水都只能勉強生活，該怎麼辦？」遇到這種事就讓人很火大，為什麼你每天十點睡覺八點起床，卻覺得熬夜辛苦工作的人賺錢容易呢？你覺得別人賺錢容易，那你做做看啊。

每個人都不容易，當你覺得自己賺錢辛苦，別人賺錢快又多的時候，你要相信，他一定更不容易，不信你就自己試試看。

(36) 別讓本該退休的父母再為你奮鬥二十年

你一個月薪水花得精光存不了錢，父母的那點退休金存起來就很容易嗎？你只是想要他們幫助又不想付出努力罷了。

曾在家裡接待了兩名哈佛大學和耶魯大學來華參觀學習的大學生，席間談到來中國交流學習的費用問題。這個費用好幾萬，對於普通的美國家庭，甚至中產階級的家庭來說，並不算低，但我家接待的兩個女生都來自美國中產階級家庭，一個是靠自己打工賺錢，一個是靠自己努力學習的獎學金。她們在北京能坐公車就絕不坐計程車，能在學校餐廳吃就絕不上館子。總之，並非我們想像的，美金換人民幣匯率高，可以盡情揮霍的架勢。

大學時曾跟一個日本女孩合租房子，她來中國第一個星期沒找到合適住處，吃了一個禮拜的麵包，感覺自己要死在中國了。跟我們合租後沒多久，就用自己的語言優勢，找到了一份學校門口的兼職工作，做得有聲有色。她說，日本高中生出去喝酒、聚會非常普遍，但錢必須自己打工去賺，父母是不給喝酒錢的。大部分大學同學也是自己去賺錢，包括她這次交換學生的費用。她的妹妹才高二，平時也會打工，因為想要參加假期的冬令營活動。

你瞧，國外的孩子真慘啊，還是中國孩子最好命，別說打工了，二三十歲伸手向父母要錢、抱怨父母沒本事的人一大堆，一副我沒本事賺錢，就跟父母要錢的姿態。

不，是你太寵自己了！

前幾天拉黑[7]了一個媽媽，因為她從認識我開始就在抱怨自己的父母沒本事，沒有多餘的錢給自己，也沒給自己買大房子，父母都是垃圾，讓自己過得這麼苦，所以自己的小孩早教都上不起。我說那妳自己努力啊，都這麼大了不能抱怨父母吧。她說自己沒工作，跟我不一樣，不喜歡努力，只喜歡吃喝玩樂。我不是嫌貧愛富的人，但我不喜歡抱怨父母的人，更不喜歡一見面就抱怨的人，於是拉黑了。

你以為她只是特例嗎？當然不是。

我收過一種來信，數量還挺多的，大意就是自己有機會出國留學、做交換學生等

7 微信的功能，類似封鎖，讓對方看不到你的訊息，也無法傳訊息給你。

等，但費用很高，自己家庭負擔不起，父母也覺得沒必要。但自己覺得是個好機會，想要父母賣房子換錢，自己以後會努力回報父母，但父母不願意，該怎麼辦？

你怎麼有臉說這種話？出國讀書要多少錢？你算過自己的薪水能有多少錢嗎？先不說賣不賣房子，你準備用多少年還清父母的這筆錢？

我的幾個代購有時候跟我吐槽現在很多客人付款拖拖拉拉，東西用了好久還不付錢，有的人連孩子都是父母在幫忙養，卻不管發什麼新貨，他們都來買，完全不看自己的消費能力，也不管父母年紀大了還要養孩子和孫子。有時候看著挺痛心的。

當然，如果父母有錢，家庭條件不錯，父母願意幫忙，做什麼都行，問題是大部分的父母都心有餘而力不足，養了你二三十年，還沒完沒了地要錢。

是父母太寵你嗎？不，是你太寵你自己！是你太寵你自己！是你太寵你自己！

你有什麼臉跟孩子說只養他到十八歲？

剛畢業的時候，有次去同事家慶賀喬遷，同事的媽媽說：「這個房子啊，我們老倆口盡力了，一輩子積蓄都給他們了。孩子們能生活得幸福，我們天天喝白粥都沒關係，你們年輕人不容易啊。」老太太笑著說，我們幾個聽了心裡都想哭。

很多人說：「以後我有了孩子，只養到十八歲，之後什麼都不管，才不會幫他買房買車，我還要去環遊世界呢。」你怎麼有臉說，你的房子還是父母掏空一切幫你買的呢，你有什麼臉跟孩子說只養他到十八歲？你父母要是也這麼想，你早露宿街頭了。自己索取的時候就沒完沒了，該自己付出的時候卻躲得遠遠的。

有人說，現在房價這麼高，我的薪水連塊磚頭都買不起，父母不給我錢，我怎麼可能結婚？怎麼養小孩？

這不是你自己的事嗎？買不起的東西很多，你是不是可以不用活了？買不起房子就暫時不要買，小倆口一起努力打拚買房的人比比皆是，租房過一輩子的家庭也很多。父母的錢不是錢？你一個月一萬八千花得精光存不了錢，父母的那點退休金存起來就很容易嗎？你只是想要他們幫助又不想付出努力罷了。

我老闆曾經跟我說：「我家的事情父母從來不干涉，因為我們所有的事情都靠自己，沒靠過父母。」現在有多少人敢這麼說話？

劉墉說過一句話：「今天有多少孩子，既要美國式的自由，又要中國式的寵愛，卻沒有美國孩子的主動，又失去了中國傳統的孝道。然而這批孩子進入社會後，既要美國式的公司福利，又要中國式的鐵飯碗，卻沒有美國員工的自律和中國傳統的忠誠。從小討價還價，長大後失去原則，該講情的時候講理，該講理的時候說情。」

說得太對了，可別不承認！

別讓本該退休的父母為你再奮鬥二十年

我大學的時候，我媽薪水六百元，給我三百元，她自己留三百元。別說物價了，那時候同學基本上至少有八百到一千元的生活費，也得花在刀口上，現在則更高了。當然，我父母沒錢，有錢能讓孩子過得更好的話，當然就更好了。

自己打工，自己省錢，辛苦嗎？辛苦。累嗎？非常累！有別的辦法嗎？當然有，要我媽賣房子給我更多錢。但能這麼做嗎？我三百塊喝粥的話，我媽三百塊也不會過吃燒雞的生活啊。

我有兩個遠房雙胞胎表妹，現在讀大二，家庭背景不錯，前幾天來找我了解一下家教工作怎麼找，以及是否安全。說實話，家教工作對於有寒暑假的學生來說挺好的，收入不錯，但女孩子多少還是會有人身安全的問題，於是我鼓勵她們做別的工作，超市促銷員、咖啡廳打工等。結果她們告訴我：「這些我們都做過了，想做點新鮮的事情，鍛煉一下自己，假期要自己賺點錢。」

這兩個孩子從小到大我沒見過幾次面，但這幾句話讓我對她們特別有好感。我喜歡努力上進、主動承擔更多的孩子。

有人問我：「我沒什麼專長，想兼職，做什麼好呢？」

我說：「那下班後去咖啡廳打工吧，積少成多，也能學很多東西。」

結果他怕丟臉，嫌錢少，覺得自己下班很累了，還去伺候別人，萬一過勞死了怎麼辦？

曾有人私信問我：「北京這麼大的城市，有沒有不是很累，但是薪水尚可、不加班的工作，能不能幫忙推薦一個？」

你要找到了，推薦給我好不好？

你沒有被錢逼到絕路上，換作你的父母為你賺錢，他們會這麼挑嗎？

很多人覺得自己在大城市太苦了，工作做不好，老闆脾氣差，吃的穿的也都是地攤貨，可哪個年輕人不是這麼熬過來的？你在外面覺得辛苦的時候，你爸媽在家裡也沒有多好過。不信你不打招呼突然回家一趟，看看他們過的是怎樣的生活。

(37) 你怎麼過一天，就怎麼過一生。畢業十年得到十六句打臉的話

明天開始讀書，明天開始學習，明天開始早起去上班。計畫明天做的事情，一輩子都很難實現，不如現在就開始吧？

算起來從我大三實習開始到二〇一六年，我已進入職場十年。雖然自己不夠出類拔萃，但周圍總是會有那種三五年當上總監，十年當上董事、總經理的人。偷偷觀察他們的日常，不得不說，人與人之間的差距，就是每天拉開一點點。

二〇一七年豆瓣日曆的第一句話是「你怎麼過一天，就怎麼過一生」，讓人有當頭棒喝的感覺。很多時候我們都覺得自己是做大事的人，自己的大業就從明天開始吧，但明日復明日，每一天懶散懈怠的自己，組成了自己平庸無為的一生。

而那些職場精英們，他們每一天都跟我們拉開一點點距離，十年，足以甩開我們一百條街。你以為人家成功是因為有背景，會拍老闆馬屁，或是各種你看不上眼的原因，其實你只不過是掩蓋了自己內心的惶恐罷了。你清清楚楚知道，每天早半小時上

班的累積，就足以拉開十年的距離，更何況還有其他？

一、嫉妒只會讓你原地踏步甚至越來越差，而被嫉妒的那個人則會越來越好

你嫉妒別人，別人知道嗎？嫉妒會讓自己變得越來越好嗎？被嫉妒的那個人會因為你的詆毀和暗中挑撥而變壞嗎？聰明人花時間向別人學習，沒出息的人花時間嫉妒和詆毀別人。

二、不公平本身就是一種公平

強者都強調物競天擇，適者生存，只有弱者才天天叫囂各種不公平。

三、付出非常辛苦，可能還會讓你失望，不付出會很輕鬆、很舒服

努力是一件很辛苦的事情，會失敗，會讓你失望，還有可能什麼都得不到。不付出會很舒服，天天躺著看電視、嗑瓜子，但別人得到某些東西的時候，你別不甘心就行了。

四、解決煩惱的最好方式：別要那麼多

有時候會覺得自己很煩躁，怎麼做事那麼困難、那麼多人來亂？要想得到什麼，肯定要有所付出，不然憑什麼給你呢？

五、你做不到的，不代表其他人也做不到

凡事別那麼絕對，你做不到是你能力有限，不是別人也做不到。視野決定心胸，格局決定你能走到多遠的地方。

六、起點越低，需要付出的努力就越大

有時候覺得自己很努力了，為什麼就是無法成功？為什麼成就沒別人大？這是命嗎？不是，是你的起點太低，你只能更加努力，不然可以選擇放棄。

七、薪水越高，自己可支配的時間越少

羡慕別人錢多，出入體面，那是因為你沒看見對方熬夜加班、累得像狗一樣的夜晚。那些時刻，你不是在家看電視，就是在床上跟周公聊天。

八、薪水越低，自己可支配的人生越少

有句話叫擁抱這個世界。不過客觀來說，你有多少能力，就能擁抱多大的世界。你的能力反映在薪水上。別老覺得自己薪水低，那是因為你站在自己的角度高估了自己，哪天你當上老闆，回顧當初的自己，你會感動老闆願意給你那麼多錢。

九、多找別人的優點，忘了別人的缺點

每個人身上的優點學一樣，你就能平步青雲；每個人身上的缺點你多看一眼，就會成為越來越狹隘的憤青。

十、別看不起會拍馬屁的人，這也是一種能力

會拍馬屁也是一種能力，如果你當了主管，不喜歡聽人拍馬屁嗎？你討厭的，是別人能讓老闆高興，能讓氣氛融洽，而你不能也不會。

十一、你怎麼過一天，就怎麼過一生

明天開始讀書，明天開始學習，明天開始早起去上班。計畫明天做的事情，一輩子都很難實現，不如現在就開始吧？

十二、老闆只喜歡能為他帶來業績的人

這跟學校老師喜歡優等生是一樣的道理。人人都喜歡優秀的人，沒人喜歡扯後腿的那個。別覺得世界不公平，當你變優秀的時候，其實很公平。

十三、明爭暗鬥哪裡都有，你受不了就回家躺著吧

明爭暗鬥沒什麼不好，看那麼多宮鬥劇也該有個地方練習，哪裡都有坑，都有明

槍暗箭，全世界都一樣，換一百家公司都一樣。

十四、別把老闆當班主任，處處都該提醒你、愛護你

老闆沒義務幫你、教你，老闆自己還要養家糊口呢。老闆又不是班主任，你也沒交學費。命好遇到肯教你的，就好好感謝吧。

十五、別只選擇相信能安慰自己的事情

昔日的同學成了富豪、成了科學家、成了音樂家，再看看窮困的自己，你會怎麼想？肯定是他們有後臺、有老公、有背景。其實你不是不相信他們優秀，你只是想找理由安慰自己破碎的心罷了。可這樣想你就能比他們好了嗎？你只會越來越差。

十六、想要改變世界，先從改變自己開始

每個人剛入社會的時候，都想改變世界，但如果連自己的壞毛病都改不掉，就只能讓世界改變你了。

十年，我從青澀大學生變成兩個孩子的媽媽。這一路上有歡笑也有淚水，自己得到很多，也失去了很多。但總體來講，現在的自己還算過著滿意的生活，相比十年前，非常慶幸自己能一步一步走過來。雖然辛苦，甚至是煎熬，每一步困難似乎都還

歷歷在目，但好在都堅持下來了。

有時候看著身邊的老公和小孩，會覺得很不可思議。十年前從來沒想過，自己會生孩子，而且是兩個，有些難以置信。照照鏡子發現，自己老了，有了幾根白頭髮，看看以前的照片，真是一張少不更事的臉。但十年，也讓自己越變越好，每一步都如我所願。

這十六句話，是這十年來，我從自己的親身經歷得到的教訓，它們每一刻都在提醒我，就算一帆風順，也不要懈怠努力和驕傲自滿。

我是一個迫切感和危機感都非常強的人，每天都覺得明天可能就什麼都沒有了。因此，跟我在一起的人都會覺得我很努力，其實並不是努力，而是害怕失去。

李笑來老師說過一句話：「七年就是一輩子。」我的理解是，七年就是一個輪回，七年足以改變人的一生。而我一直相信，每天進步一點點，十年就是全新的人生。

曾在一篇文章裡看到一句話：「你要是相信命，這就是你的命。」大部分人會用陳舊的眼光看人，包括看自己。不相信一個人的命運可以透過努力徹底改變。如果有，那一定是神經病，或者靠上了什麼後臺。每個人都期待自己變得更好，但卻在受挫的時候覺得也許這就是自己的命。

我不是特別優秀的人，但我在過去十年最重要的改變，就是從相信一個人的優秀來自名師名校，到相信一個人透過努力能改變命運、實現夢想。原來小時候所說的夢想，實現起來很艱難，甚至要很遠很長。但我一直覺得，只要相信自己可以改變一切，內心就會發生改變，無論做什麼都有力量和衝勁。雖然我至今也沒有多神多好多優秀，但能用十年時間學會相信自己不相信命，已經是人生至關重要的一大步。

下一個十年，希望我們都能越變越好。

⑶⑻三十歲才知道，曾經逃避的今天都要加倍奉還

不要讓未來的你，討厭現在的自己，人生的每一天每一刻，都在為自己的明天鋪路。

以前去上英語課的時候，認識了一位全職媽媽，她家離學校很遠，每天送五歲的兒子上幼兒園之後，就馬不停蹄地趕到學校，下午三點鐘又立刻離開，去幼兒園接孩子放學。

我問她：「幹嘛跑這麼遠來上課？」

她跟我說：「我一直都是全職媽媽，到現在快五年了。孩子上雙語幼兒園，回家經常會用英語說點簡單的對話，有時候孩子跟我說英語，我卻什麼都不懂。想想將來孩子上小學、上中學，學的會越來越多，那時候我就更沒能力跟孩子互動了。所以無論如何都要來學英語，哪怕從頭開始。以前上學上班的時候學英語、用英語都能避則避，以為一輩子都不用學，沒想到有了孩子之後，都要重新撿起來。自己小時候不努

力，覺得對不起父母；年輕時候不努力，覺得對不起家人；有了孩子之後才發現，如果自己不努力，最不能接受的其實是自己。」

有了孩子以後，加入各種名目的家長會，最大的體會不是多辛苦，也不是養孩子有多貴，而是曾經逃避的、沒學好的，如今為了孩子都要一點點撿回來。不光是英語，還有歷史、地理、生物、數學、唐詩宋詞，甚至手工，那些以為一輩子都不用再學再看的書本，沒想到有一天都必須拿回來，甚至學得更努力、更準確。

跟一位前輩聊天，她向我聊起自己的職場困惑。

前輩馬上要四十了，孩子尚且年紀小，老人家又到了需要人照顧、離不開身的時候，職場裡身強體壯、有幹勁、薪水低的年輕人潮水般湧來，壓力很大。更要命的是，她在公司裡能力一般，跟很多年輕人做相同職位。她家裡挺有錢的，雖說工作上並沒有太大抱負，但在一群小孩子間混著，心裡也不舒服，甚至有時候還要看別人臉色；可她不敢辭職回家當太太，擔心一點經濟獨立的能力都沒有，未來會有問題。

前輩跟我說，嫁個有點錢的老公，婚後找個清閒工作、朝九晚五是多少女孩希望過的生活。她當年也是這麼想，想著有老公賺錢，積蓄還算挺多，便可以不用那麼努力拚命了。於是便懷著不爭不搶，能推給別人自己絕對不做的心態在職場裡打混，準時上下班照顧家裡和老人家，沒事就逛街美容。那時候她才二十六七歲，未來的職場生涯還有二三十年，混日子一天兩天可以，可三五年下來差距就顯而易見了。特別是女人到三十歲以後，各方面的壓力都會一起湧現，如果自己沒有一點真本事，不安全感會一天比一天強。

我從二十一歲開始實習，二十二歲畢業工作，進入知名大公司，入行又早，看著身邊好多二十五六歲的朋友職位也不過比自己高一階，生活上也不比自己寬裕太多，總覺得自己的未來無量，想著自己還年輕，多努力，等到二十五六歲，工作和生活一定會比他們要好很多。三四年後，真到二十五六歲了，我的人生並沒有到達預期的成就，僅僅比過去這個年紀的朋友們好一些而已。回想起來，大概是因為覺得自己起步早，便洋洋得意於年齡優勢，覺得有的是時間，便打打鬧鬧，也不爭分奪秒，結果蹉跎了歲月，用盡了青春。今天的自己雖一點都不敢懈怠，但身體已然無法像剛畢業的時候熬夜加班還熱血奮鬥，生活裡也有了很多事物讓自己無法專一地去做一件事了。

職場上有個很有趣的現象，大部分人在初入職場時水準都差不多，但到了三十歲左右，有的人能步步高升，有的人卻原地不動。再年長一點，有的人辭職了，並美其名尋找內心的理想，有的人平步青雲成為高階主管，走向事業巔峰。當然，這其中除了厭倦工作以外，還有更重要的原因，即越往高走，越需要扎實的基礎。這個基礎包括專業和能力，也包括人脈與EQ。如果在職場早期沒有好好積累和鍛煉，就像讀書一樣，沒有扎實的基礎，那麼越往高處走，困難會越大。而這個困難，因為環境等各種原因，很難再克服了。

曾經有一位職場前輩告訴我，在工作前三年什麼都要去做，去努力做，去拚命做，有多餘的精力不要太過沉迷於酒吧、夜店、KTV。縱然前三年最辛苦、薪水最低，但看起來投資報酬率過低的三年，卻是人人都願意毫無保留教你的三年，更是奠定未來職業生涯基礎的三年。別說什麼工作是為了生活而不是全部的生活之類的話，前三年還沒資格說這話。環顧自己和周圍朋友的職場挫折，追根溯源，都與職場前三年的基礎有關。那些曾經逃避的辛苦、困難，自以為幸運沒有分配到自己頭上的麻煩事，總有那麼一天會成為自己職業生涯的弱點，讓你懊惱當初為什麼不多長個眼睛看一看。

我和我周圍的朋友都到了三十而立的年紀，平時偶爾會說說自己的煩惱和遇到的困難，而這些問題，仔細想想，無一不是因為早年偷懶造成的。也是從三十歲開始，人與人之間的差距開始清楚地區分出來。到了這個年紀，有家庭有長輩有孩子，再說奮起直追，除非有強大的自制力和豐厚的自我積累，大部分人都很難，甚至只能空有一番努力的熱情，卻實踐不了三天。俗話說，少壯不努力，老大徒傷悲。現在才知道這句話背後殘酷的意義，這也是人生最現實、最殘酷的地方。

不要讓未來的你，討厭現在的自己，人生的每一天每一刻，都在為自己的明天鋪路。今天你後悔懊惱的地方，都是你昨天腦袋進的水；想偷懶懈怠的時候想一想，明天的你，會想揍自己嗎？

(39) 為什麼你超想賺錢，但總是賺不到錢？

很多人根本不想培養能力和實力去賺錢，只是盯著錢看，天天喊著「我要努力賺錢」，可具體怎麼努力、怎麼賺錢都不知道。

之前有個朋友問我：「星姐，我跟妳一起做吧，只要能賺錢就行。」我立刻拒絕了他。不是因為我不捨得給別人錢，而是當時我每天都在做一些全新的事情，更多的是探索和突破，說得不好聽就是前途未卜。我自己都不知道我能賺多少錢，怎麼能肩負另一個人的人生呢？

前陣子我又碰到這個朋友，他又問我能不能跟我一起做，只要賺錢就行，我問他這半年都做了什麼，他說東一點西一點，跟好幾個人做過不少事情，但都沒賺到錢，所以很快就撤了。現在他在家裡，每天看電視，閒得快發霉了。這時，他又跟我說，當我的助理也行，只要能賺到錢。可我是一個對工作要求特別高的人，而且我堅信一個人最重要的是做事，把事情做好了，錢自然而然就來了，而不是一直盯著錢，抱著有錢就做沒錢就不做的工作態度。如果一個人只盯著錢，工作沒有定性、耐性，我肯定不敢用的。

以前看過一篇文章中提到，Facebook員工的起薪是一百一十萬。這些年薪一百一十萬的年輕人，他們拿著高薪，卻依然工作到半夜，而且非常積極熱情，因為他們的目標是改變世界，成為另一個祖克柏，而不僅僅是為了一百一十萬的年薪；這就是窮苦年輕人和年薪百萬年輕人的最大區別。文章最後這樣寫道：「那些讓Facebook揮舞著一百一十萬年薪拚命挽留的年輕人，都不是追求一百一十萬年薪的人。」這個故事讓我想到一個朋友。

我的這個朋友最近拿到了一百三十萬年薪的Offer，而之前他只有幾十萬的年薪。這種薪水翻倍，簡直是業內的奇葩了，但仔細想想，他確實值得這樣的待遇。為什麼呢？我可以保證，我的這位朋友是我身邊不可多得、用「匠心」精神和心態去工作的人。以前我總跟他說他的薪水太低，趕緊找老闆，不加薪就快快走人，他的才華值更多的錢。他總跟我說，他沒那麼在乎錢，但卻更在乎老闆和團隊是否能讓他學到更多東西。他希望自己是厲害的設計師，而不是為錢一直換工作的人。相比金錢，他更在乎學習、進步的機會，這些機會讓他對工作充滿熱情。而在挑選下屬的時候，相比聰明和天賦，他更看重團隊成員對工作的熱愛和興趣。只有熱情和態度，才能決定你在這一行究竟能做多久。

每次跟他聊完，我都覺得現在這樣的人太少了。當所有人都只向錢看的時候，還有人的目標是匠心，而不是金錢，這聽起來可笑又傻氣，但仔細想想，這可能才是更大的智慧。人在三十歲的時候，還能保持這樣的心態去工作與學習，真的很難得。當你追求的目標不再是金錢，而是事情本身的時候，只要把這件事情做得越來越好，金錢和名望自然而然就來了，根本不用去追。

每個人都想賺錢，但究竟什麼才是賺錢的核心呢？說到底就兩個字：能力！如果你想賺錢，首先看看自己有什麼樣的能力，比如寫劇本當編劇，懂教育當老師，哪怕會做鹹鴨蛋都是很棒的技能，都能賺到錢。但首先你要有這種技能，其次才是想該如何賺錢，可是大部分人的思考模式卻不是這樣。

很多人根本不想培養能力和實力去賺錢，只是盯著錢看，天天喊著「我要努力賺錢」，可具體怎麼努力、怎麼賺錢都不知道，然後吐槽社會不公，沒有給自己機會。看見別人做什麼賺了錢也撲上去做，但因為沒有這個能力，所以做了幾天就氣餒了。大部分人不願意下功夫培養技能，即便有些能力只需要三個月就可以小有成效，他也覺得太漫長，無法等待。

曾有個朋友跟我說：「妳說我現在開始寫作，跟妳一樣，能賺錢嗎？」我說不能，他問我為什麼，我說：「我寫了七年，我是用七年的時間和堅持在賺錢，不是隨便打打字在賺錢啊。」朋友問我：「那妳說我現在做什麼能賺錢？」我說：「你要沒什麼特別的專長，就做代購，在朋友圈賣特產吧，我有朋友在朋友圈賣水果也挺賺錢的，每月交易二三十萬呢。」朋友想了想：「我不想賣水果，現在到處都在賣水果，代購多 Low 啊，而且還要有本錢。」我想想，沒再說話。

我沒說的是，我那個朋友圈裡賣水果的朋友，最開始只有一個帳號，從賣鹹鴨蛋和進口衣服開始做，然後慢慢賣點當季水果，現在賣的是我們根本沒見過的世界各地水果、糕點、乳製品什麼的，每月交易二三十萬，自己也賺得相當不錯。不過她的目標不僅僅是做微商、賣水果，她也開始研究實體店，可能過不了多久就會開店了。

⑽ 你的傻，快把你的職業生涯毀了

很多時候其實並不是別人對我們好不好的問題，而是我們習慣用別人對自己的好壞來決定自己的行為。主管好我就努力點，不好我就不努力了。

小王剛被公司開除，前幾天來找我吃飯，談起離職的原因，她跟我說：「我那老闆太賤了，我都工作三年了，也不給我升職加薪。妳說我還做什麼那麼辛苦？結果他還把我開除了，說我今年老遲到，上班也心不在焉。他這樣對我，還指望我好好工作？當我傻子嗎？」

我問她：「那妳今年好好工作了嗎？」

小王說：「當然沒有，我頂多出個五分力吧，省點力氣我還能做別的事，像是上網看小說什麼的，反正又不會給我升職加薪，誰要好好做啊。」

「所以妳就混了一整年？」

小王說：「對啊，我應該早點辭職的。現在就業環境不好，很多地方到我這個年紀都要當中階主管，我還做不到，基層我又不願意。都是老闆耽誤我好多年，不然怎麼會找不到工作？」

如果你沒有能力，即使有機會，那機會也不是你的

很多人都是這樣，覺得老闆又傻又賤，不給自己升職加薪，對自己不夠好，肯定是針對自己。自以為付出和收穫不成正比，就開始混日子，想著有朝一日跳槽甩了老闆。但是混著混著，覺得不費功夫還能拿不少薪水，於是一混就是好幾年。等到自己年紀混大了，競爭力混沒了，被掃地出門了，才開始後悔怎麼沒早點走。可是，你這麼混著好幾年，老闆吃虧了嗎？你混的是你自己的日子和前途，怎麼還像占了便宜似的，你是怎麼想的呢？

很多人都覺得，自己就在原來的公司蟄伏著，只要機會來臨了，比如獵人頭公司給我一個天大的好機會，我就立刻跳槽，可是這麼想著想著一年兩年三年過去了，而你從來沒有努力過，你怎麼知道下一個機會來臨的時候你一定能夠抓住呢？如果你根本沒有這個能力，即使機會來了，你也抓不住，這樣的機會對你來講根本不叫機會，這是別人的機會。

老闆為什麼一直不給你升職加薪？

有次上外語課，有個互動話題是：老闆為什麼給你升職加薪？討論的時候，很多人覺得自己完成工作，並且表現得非常出色，就應該升職加薪。

但我記得我的老闆曾經跟我說過一句話：「你完成了職位應該做的工作並不能給你升職加薪，你要達到你的上一級職位所要求的能力，才能給你升職加薪。」也就是說，你如果只做到本分內的工作要求，只能說明你在這個崗位上合格了，並不表示你有能力勝任更高職位的要求。當你表現出能勝任更高職位的能力要求，才是你升職加薪的時候。

這句話我一直記在心裡，每一次覺得心裡不平衡的時候，就去公司官網看一看，比自己更高一層的職位內容是什麼，需要的工作能力是不是能夠達到，如果達不到，那就什麼都別說了。如果能夠達到，才去找老闆要求升職加薪。

你看，其實很多人都有這樣的誤解，覺得自己工作做得夠好了，為什麼老闆不給我升職加薪？老闆肯定對我有意見，大小眼。可是哪一個主管不希望自己的下屬能夠成為自己的左右手呢？只有這樣，主管才會更加輕鬆啊，不然主管還要承擔更多責任，誰願意呢？

公司和主管確實不好，那你該怎麼辦？

有人問說，那我公司和主管真的不好，我該怎麼辦？我一點都不喜歡我的工作，所以下班後我去做其他事情，但這樣的生活很分裂，上班很痛苦，下班繼續工作也很累，我是應該在這裡待著，還是應該跳槽？

其實每次看到這樣的問題，我都覺得很困惑，既然這麼不喜歡這家公司，不喜歡這個崗位，也不喜歡每天要做的事情，為什麼不直接跳槽呢？為什麼一定要用八小時去做一件痛苦的事情，然後每天只擠出兩小時去做自己呢？

喜歡就愛，不喜歡就散。這句話不僅適用於愛情，也適用於工作。

你選擇一份工作，那麼這份工作總要有一點點能夠吸引你的特質，比如工作內容、好的主管、不錯的薪資等等。如果這些都沒有，你為什麼待在這裡不走？為什麼不換一份工作呢？

很多時候其實並不是別人對我們好不好的問題，而是我們習慣用別人對自己的好壞來決定自己的行為。主管好我就努力點，不好我就不努力了。可是在職場上，一日不努力看不出來，日日不努力，一段時間就落後很多很多。你覺得這不好那不好的時候，看看公司裡如日中天的紅人們，他們為什麼那麼出色呢？就像我們小時候總抱怨學校不好、老師不好，可班級裡照樣有頂尖的優等生。

到底是自己不夠好，還是真的環境不夠好？自己真的努力過嗎？還是任性地在用自己的前途幹傻事呢？

⑷我拚命努力，是不想和你一樣過「差不多」的人生

大部分人看到差距的時候，不願意承認是自己努力不夠，就像不願意承認自己智商沒別人高一樣，總去強調社會制度等外在原因讓自己不得志。

朋友鼴鼠前陣子發文說：「如果你覺得累，就看看我，我要照顧剛滿月的女兒，還要讀書，寫書評，寫專欄。」

一些朋友來問我：「鼴鼠這是幹嘛啊？需要這麼拚命嗎？差不多就行了。」你覺得差不多就行了，是因為你們根本不是同一種人。雖然我們交流次數不多，但我很尊敬她這樣的人。她是非常努力和拚命的人，當然，生活也特別幸福又美好，無論是物質還是精神，無論是工作還是家庭，處處都是人生大贏家。

你不追求並希望自己也能過這樣的生活嗎？還是你希望過出門就因瑣事跟鄰居吵架，老來看病都不敢看帳單的日子？

你這麼說，只是為了安慰自己而已

有一次跟一個朋友談合作，當時她馬上要生了，懷著雙胞胎原本對身體的負擔就大，還馬不停蹄地操心談合作。前陣子我跟她的下屬談合作，她時不時會在群裡冒出一兩句話。我問她：「妳生完了嗎？」她傳了張雙胞胎女兒的照片，表示生完了，一邊照顧孩子，一邊可以抽空跟我談工作了。我發給她們一份資料，她第二天凌晨四點就回覆意見給我，我想大概她是在給孩子餵奶，一邊餵一邊寫給我的吧。

很多人覺得，瘋了吧，幹嘛把自己弄得那麼累？

哦，不為什麼，這是她的常態，根本算不上拚命，而且，她早就財務自由了，還經營著兩家公司，這個工作量對她來說算是輕鬆吧。

很多人一看到別人努力，就為別人擔憂，怕人過勞死，怕人人老珠黃，怕人太過辛苦不孕不育。其實是自己太悠閒了，面對別人飛速的進步和努力，自己不敢正眼看，又內疚，於是假裝勸誡別人，其實是為了安慰自己。

自己做不到，就希望別人也別做。如果別人非要拚命，最好落得不好的下場，如生病了、離婚了，自己心裡就好受多了。只可惜，那些人過得越來越好，生活越來越富裕，看到的世界越來越大，小孩子越來越知書達理。然後，你們就走向了不同的人生。

大部分人看到差距的時候，不願意承認是自己努力不夠

我與A和B都認識，前幾天我拉黑了A，想來我也是個傻子，怎麼沒早發現。

B是個特別自律的人，剛剛生完孩子。整個孕期，她都嚴格按照醫生的要求控制飲食，還請了私人教練，指導自己在孕期做一些運動。因此，整個孕期B只有肚子變大，身體幾乎沒什麼變化，依然美美的，生完兩週看上去就跟以前一樣。

A問我：「B肯定是孕期病了，孩子肯定不健康，看她那麼瘦。」

我說：「她一直控制飲食，而且有教練跟著，瘦很正常，她本來就很自律。」

A說：「懷孕還自律個屁，誰懷孕不是狂吃，妳看著吧，她肯定是自己身體有病才胖不起來。」

然後我就拉黑她了，妳才有病。

大部分人看到差距的時候，不願意承認是自己努力不夠，就像不願意承認自己智商沒別人高一樣，總去強調社會制度等外在原因讓自己不得志，反正不是自己的錯。儘管人生已經走向不同的方向，卻總不自知地以為你們還是一樣的。更可怕的是，總覺得自己吊兒郎當過的日子跟別人特別努力過的日子差不多，因此當有一天發現人家早就不是自己想像的樣子時，就開始背地裡詆毀和中傷別人。

不用羨慕別人命好，反正沒你的份

我有個朋友小令，很多人都知道她，因為她太優秀了。北京大學畢業，又考上哈佛大學研究生，讀研的時候就開始創業，全盛時期一天賺十萬。前面也寫過她的故事，很多人問我：「她一定家境優渥才能這麼做，她父母肯定很支持她，我父母連我兼職打工都不准。她真好命。」

事實上，小令是單親家庭，曾經很窮，大學時每天只吃一份最便宜的飯菜。她英文不好，卻天天苦學，終於收到了哈佛大學的錄取通知。一天賺十萬也是真的，不過是拚命換來的。

小令第三次創業做餐飲，為了省錢自己找店鋪，自己親自裝修，採買各種鍋碗瓢盆，還走遍全世界兩年學廚藝。開店沒多久，就拿到了近千萬的投資，迅速開了很多家分店。

很多人在微博問我：

「妳朋友小令的店招人嗎？我想去打工。」

「在她店裡工作是不是能免費吃？」

「我要是有她這麼好的命，我也去創業了。」

你覺得她命好，是因為你沒見過她半夜兩點還在工作，店裡菜單被競爭對手偷走，自己撐不下去的時候在馬路邊哭的樣子。

不過，就算你沒看見，也應該能想到，一個小女孩開了這麼大的餐廳，需要多少的辛勞和勇氣，怎麼會覺得是因為她命好？

真要說她命好，也是她有聰明的腦子、堅強的意志，以及為了夢想拚命的行動力。那些看了別人好就想去分一杯羹的人，不用羨慕別人命好，反正沒你的份。

我特別討厭別人跟我說：「差不多就行了。」

我是個做什麼事都很認真的人，所以特別討厭別人跟我說：「差不多就行了。」什麼叫差不多就行了？什麼叫差不多？

很多人一輩子都是差不多的人生。

小時候上學覺得差不多就行了，於是讀書十幾年都是中等生；

上班做事只出五分力，然後怪老闆瞎了眼，不給自己升職加薪；

結婚差不多就結了，感嘆婚姻真是愛情的墳墓，再也不相信愛情；

養孩子差不多得了，最後發現別人家孩子就是比自己家的好。

平時差不多就行了，關鍵時刻你就會差很多，時間長了就會差太多。日子久了你會發現，你變成自己當初最討厭的那種人，再也無力改變。

感嘆年少輕狂有意義嗎？回憶青春熱血有意義嗎？羨慕或詆毀那些曾經跟自己一

樣，但現在把自己遠遠甩開的人有意義嗎？
你什麼都沒努力過，你只是一直在絮絮叨叨。
你的人生，也就差不多這樣了。

⑷⑵很多人問我妳怎麼那麼愛錢，所以我想說說

我經常跟我那想要賺錢的助理說：「想賺錢就不要挑挑揀揀的，只要是正當管道，清清白白的錢，我們都要賺。我們都沒到可以挑工作的時候呢！」

我的家庭不富不窮，就是萬千普通人家的樣子，父母都是國企職員，全靠我媽精打細算，日子過得尚可。但從我高三那年父親去世，再加上我即將上大學，家裡明顯缺錢。我還記得第一次跟我媽到北京動物園，中午一份十塊錢的便當都捨不得吃。那時候我媽一個月賺六百塊錢，給上大學的我一個月三百塊錢生活費，雖然這三百塊錢足夠讓我吃飯了，但想要更多就得自己賺錢。

我當過家教，每週三四次，晚上摸黑自己一個人回學校。

我做過促銷員，站在超市裡，卻因為性格內向，被同事排擠，不讓我加入他們的團隊。

我賣過東西，將自己的學習筆記列印出來賣給不寫筆記的同學看。

我用賺來的錢瘋狂地報名上課，然後再用新的技能賺更多的錢。

我的實習從大三下學期開始。那段時間我每天上下班要花二到四小時，連續十四個月一天都沒缺勤。

正式上班之後，月薪三千元，但還是不夠用，因為房租高、吃飯貴，於是開始訂計畫，每個月儘量不動用薪水，找機會寫文章賺稿費。幾十塊錢的也寫，用商品抵稿費的也寫。好不容易存了一些錢，我媽要做牙齒手術，我覺得我必須出錢，不然我媽捨不得做。於是八萬塊錢存款一下就花光，只剩下兩千元。但從醫院出來的時候，我卻覺得很輕鬆，因為又可以重新開始了。

很多人說我愛錢，那是因為我窮過，知道沒錢什麼都辦不了。我一個人還好，但我還有母親，我可以過窮日子，卻不能讓她晚年也窮。我小時候爸媽每天辛苦養大我，我還這麼年輕，憑什麼不能為他們的生活努力拚命？

除了白天上班，下班後我做過代購，做過仲介，熬夜通宵寫文章。寫書、拍電影，被騙過不給錢，也很多次陷阱纏身，還差點打了官司。但我一點都不後悔，如果時光倒轉再來一次，我還是會這麼過。

我經常跟我那想要賺錢的助理說：「想賺錢就不要挑挑揀揀的，只要是正當管道，清清白白的錢，我們都要賺。我們都沒到可以挑工作的時候呢！」

那時候我有很多讀者問我：「星姐，妳怎麼不談戀愛啊？」

哪有時間談戀愛，沒把我媽安頓好，談什麼戀愛？有什麼心情談戀愛？

那時候想得最多的是以後怎麼辦？就這樣跟我媽分居兩地，一年回老家一次嗎？當然不可以，我得把我媽接來。

老人家都喜歡自己的房子，看著出租公寓怎麼都彆扭，經常被樓下老太太排擠，說我在家走路聲音太大，讓她心臟病都要發了。我悄悄打聽哪裡有小房子，跑去找仲介問，最低頭期款的房子是什麼樣的，多少錢，然後給自己設定一個目標。每存五萬就丟給我媽存起來，一直到我存夠最低頭期款，買了一間很小、但足夠兩個人一起住的小房子。

現在，我們的生活不再像以前那麼拮据，但拚命努力賺錢，依然是我的習慣，就像一臺停不下來的發電機。

很多人覺得我辭職在家，又懷著第二胎，可以休息看書帶老大就行了，老公工作也不錯，我不需要太拚命。但是，天知道辭職是我更忙碌工作的開始。

整個孕期我每天都在工作，一個月只有最後兩天稍微放鬆點，想到新的一個月要來了，經常焦慮得睡不著覺，甚至對著工作想吐。

到了預產期我還得提前半個月完成之後一個月的工作，忙到住進醫院還在找客戶改內容；進手術室的前一小時，我還在發公眾號的文章；出院回家的第二天就去書房打開電腦工作。

有人問我：「妳不累嗎？就不能好好休息？」

累，怎麼不累，不僅累，我可能腦子還有病。

我總是很嚴格地要求自己，擔心如果我不工作了，全家的重擔就都交給老公一個人，萬一有一天他做得不愉快想辭職，就沒有退路了，因為要養活全家。我希望他工作愉快，能夠為自己的夢想而努力工作，而不是為了養活全家老小。

因此，我對自己的要求是，忽略老公的收入，假設他一分錢收入都沒有，我的收入能不能養活全家：兩個孩子，三個老人，我和他，還有房貸。這樣未來任何時候，老公若因為任何原因不工作，全家依舊可以正常運轉，這是我的目標，一直努力的方向。

我們都是普通人，沒背景，沒父母金援，全因為自身的勤奮和努力而過著尚可的生活，所以除了自己努力，還要心疼對方，我們兩個雖然有時候會因為工作焦慮和生氣，但誰也沒有真的什麼都不做。

有個朋友對我說：「真羨慕妳，辭職了還能自己賺錢，我就沒這個能力。」

千萬別這麼說，我也羨慕妳，甚至嫉妒妳，妳爸媽幫妳買了三四間大房子，還一間比一間大，買房對妳家來說就像玩遊戲。

真的，不是反話，真羨慕。自己累的時候，真羨慕人家。

但自己沒有，怎麼辦？不能抱怨，抱怨沒用，對我們來說，父母健康就是最大的福報，沒有什麼奢求。自己賺，自己多勤奮、多辛苦，爸媽沒辦法給我們，所以我們努力給爸媽。

有人問我：「以後你們會把房子什麼的留給孩子嗎？」

說實話，不知道，如果我中了彩券買了一堆房子會給他們一人一間吧。但現在來看，我更希望他們去奮鬥，無論男孩女孩，年輕就是要自己去打拚。一畢業就什麼都安排好了，以後的人生還能做出什麼事呢？爸爸媽媽就是這麼走過來的，為什麼你們不可以？

老公說：「如果早點遇見妳，大概現在我都是富豪了。以前我對金錢物質沒什麼欲望，認識妳之後才被妳帶得愛錢。」

其實不是愛錢，是愛我，愛這個家，我也一樣。我們都捨不得對方太辛苦，所以拚命逼自己。我們都愛錢，愛物質，但都愛自己愛賺錢這件事情。我的所有衣服、首飾、包包都是老公買的，家裡七七八八、上上下下、孩子吃穿都是我買的。我們都對為自己花錢沒什麼興趣，我們努力勤奮工作，只是為了讓所愛的人能輕鬆愉快地生活，不為錢所累，老有所依，幼有所養，就是這樣。

你可能想問：「所以妳的夢想就是賺錢嗎？」也不是，也有很多其他的夢想。但我是個很傳統，也沒什麼情懷的人，想要先安頓好老人家和孩子的生活，再去追求自己的夢想。

很俗吧，或許讓你失望了，但，這是最真實的答案。

⑷③不要等做了自由工作者才後悔不知道的四個關鍵

光有合理的時間規劃並不夠，關鍵是要能夠執行，並將這種時間安排養成習慣，這才是最重要的。

到二〇一六年底，我已經辭職三個月了，此前連續工作七年，連十天完整的休假都沒有，決定要辭職的時候，感覺未來有的是時間，可以毫無顧忌地躺著看書，想幾點起床就幾點起床，工作日別人上班我帶孩子去遊樂場，再發幾個朋友圈炫耀一下，哈哈哈，爽歪歪啊。

結果，辭職了沒幾天就發現，起初辭職是要做全職媽媽，結果變成了自由工作者。自由工作者最大的特點不是自由，而是忙，也由此帶來了很多從未看到，也從未思考過的問題。

錢和時間，是自由工作者最大的擔憂

很多上班族覺得，能當自由工作者代表自立門戶了，肯定不缺工作，賺的都是自己的，肯定也不缺錢，真是太爽了。

事實上，哪有這麼好的事情呢？上班的時候，自己只要到公司往座位上一坐，連飲水機都擺在你面前。你要做的就是打開電腦工作，其他一切都有人幫你打理。就連你腳邊的垃圾桶，都一人一個配好，還有人幫你倒垃圾。但當你自己一個人做事，大到創業，小到在家接案，水都沒人幫你倒，紙也沒人幫你送，這才是自由工作者真實的樣貌。

很多人問：「我也想辭職自己做，可是沒有客戶，吃飯都是問題了，我該怎麼找那麼多客戶呢？」

其實很多自由工作者剛開始的時候，並不是客戶滿天下。每一個客戶都是自己爭取來的。把第一個工作做好了，客戶可能會給你第二個，或者再推薦別人來找你，慢慢才能打開自己的人脈關係和客戶。自由工作者一開始通常都是用高CP值來吸引客戶，有時候有熟人、有關係，或許會更簡單一些。

還有一個，就是時間，上下班有固定的時間，即使加班，下班後的時間基本上可以不用去想工作，回家就是老婆孩子。但自由工作者不同，二十四小時除了睡覺，幾乎是隨時待命的狀態。就算你在吃飯，客戶一個微信過來跟你講修改意見，你就恨不得立刻放下碗回到電腦前面繼續改。做了自由工作者，能自由支配的時間反而更少了。

我算是特別幸運，一辭職就有客戶來找我，也因此，全職媽媽的計畫被迫變成了自由工作者的計畫。孩子醒的時候要陪孩子，孩子睡覺的時候去工作，一天到晚馬不停蹄。辭職三個月，客戶越來越多，經常吃飯或者週末在外面玩的時候客戶也會來找我，這才發現，忙亂其實並非單純的時間管理，還有一個更深層的問題，叫「自律」。

自律，才是自由的保證

很多人都幻想過，辭職了肯定有大把大把的時間，想做什麼做什麼，然後替自己列了一大堆的計畫。結果發現，真的辭職了，每天都渾渾噩噩地過日子。上班的時候覺得時間漫長，辭職了才發現，一眨眼就中午了，吃完飯還沒做什麼就下午四五點了，再過一會兒天就黑了。渾渾噩噩不到兩個禮拜，心裡開始著急，看別人每天規律地上下班，在朋友圈裡晒大夥兒一起吃飯、工作、加班的照片，越發懷疑，自己是不是跟社會脫節了？

現在很多人偏愛時間管理這個概念，買很多書，聽很多神人分享自己的時間規劃，但其實光有合理的時間規劃並不夠，關鍵是要能夠執行，並將這種時間安排養成習慣，這才是最重要的。每次執行的時候，克服內心和行為上的懶，就叫自律；把自由的日子過得跟上班一樣規律，才能讓自己的日子真的有點自由。

去年休產假的時候，我替自己列了很多計畫，結果一本書都沒看完。雖然每天要照顧孩子，但也不是真的那麼辛苦。渾渾噩噩了幾個月後，快上班了我才驚覺自由散漫的日子要沒了，後悔不已。想到過去浪費的時間，很內疚又很生氣，覺得自己懶得無可救藥，重點是，我還不知道如何救治自己的懶。

這次辭職最大的改變就是替自己制訂了計畫，像上班一樣的計畫。越到客戶多、忙亂的時候，越要嚴格地按照自己計畫的時間來安排工作。比如幾點起床，幾點開始工作，幾點開始做飯，幾點帶孩子出去玩，什麼時候上早教和去遊樂場，週末如何安排等等。越自律，效率越高，越積極，內心也越愉悅。

做選擇的時候，不要貪小便宜

當初決定辭職的時候，我已經發現自己懷孕了，很多人勸我：「妳在公司再混一年，懷孕也不敢開除妳，還有那麼久的帶薪產假、領各種生育津貼，這時候辭職太傻了。」

但那個時候我已經篤定要辭職了，也決定了之後要做什麼事情。決定之後就要行動，不能因為一些小便宜就隨便改變自己的想法。可能在很多人看來，懷孕的時候辭職太傻了，但對我來說，我做了自己喜歡做的事情，在兒子最可愛的時候陪伴他，每天都能看到他的變化和成長，當然也賺到了比以前更多的錢，我吃虧了嗎？根本沒有虧啊！

如果我依然在公司打混，懷孕也無法太拚命工作，但自己還拿著薪水，看別人忙忙碌碌，心裡就會內疚。這種內疚感會一直折磨我，無論我生孩子，還是休產假，都不會安心。有了兩個孩子必然無法再繼續工作，到時候才辭職豈不是利用公司？這樣我的內疚感會更大，也更不開心。最重要的是，錯過了兒子最可愛的時候，等我一年後再辭職，他已經上幼兒園了，朝夕相處的日子永遠不會再有。

直到現在，很多人仍不解我為什麼懷孕了還要辭職，但我卻在這次選擇中學到重要的一課，那就是：不要為了貪點小便宜，改變自己已經做好的決定，特別是物質上的小便宜。

要賺錢還是要學習新東西

當自由工作者的時間久了，我發現周圍好多人不上班，都是堅持要做點什麼，有人賣東西，有人做微商，有人接案，有人開才藝班，人間百態，應有盡有。到三十歲，大家多多少少都不算太缺錢了，因此只要有賺錢，能過得好就成了。

很多人羨慕這種生活型態，但我每次看到朋友們發的朋友圈，看到他們參加各種課程，和大夥兒一起工作，和客戶一起討論問題，總會覺得，這兩種生活型態不僅僅是上不上班和賺多少錢的問題，而是不同的未來。

雖然上班沒有自己做事賺得多，甚至沒有朋友圈賣水果賺得多，但上班是一種讓你自身能力步步提升，且不斷看到自己進步的事情。明年的你比今年的你，在能力和見識上會提升很多，每天都能做一些有挑戰的事。但自己做事，很可能一年都在賣水果，你會想到未來嗎？一直賣水果賣三十年嗎？五年後，曾經的同事成為總裁，成了業界大神，自己呢？除了多賺了些錢，還是在賣水果。賣水果沒什麼不好，但彷彿沒有太多能力和社會認知上的進步。

因此，即便是自由工作者，要做的仍不僅僅是賺錢，更多的是為自己制定進步的計畫，比如學習，比如適時地參與社會活動，讓自己不要在自己的小圈子裡打轉。即便是做單一、重複性高的工作，也要不斷延伸自己的觸角，提高自己的能力，這樣才能不落伍，保住虛榮心啊！

做自由工作者三個月，所思所想所體會的，比以前上班七年還要多。或許是因為現在什麼都要靠自己，無論是工作還是生活又或者是對孩子將來的安排。未來這種狀態還會持續很久，每走一步就要多思考、多尋找不同的可能性，才是讓日子不無聊的最好辦法。

思考、行動、堅持、自律，這是我在做自由工作者三個月後，發現最重要的四件事。

(44) 結婚生子前後，女人一定要有錢

與其把未來的幸福交給另一半和變化不定的婚姻，不如自己多努力賺錢。

當一個女人有能力過好生活的時候，她周圍的一切才會好。

朋友小A曾找我，說要離婚了。我大吃一驚，畢竟孩子剛一歲多，最辛苦的日子都熬過來了，怎麼就要離婚了？小A說：「結婚之前覺得他對我挺好的，家裡也挺有錢，現在有了孩子，我也不上班了，開始還好，時間久了，老公和婆婆都有意無意地暗示我去上班賺錢，說有了孩子家裡比較吃緊。其實哪裡是沒錢，而是看不慣我吃閒飯，這日子還怎麼過？」

我問她：「在家帶孩子當然上不了班，可能妳老公壓力比較大，但妳不是之前一直在上班，也有賺錢嗎？他們看不慣妳，妳可以花自己的錢，幹嘛要離婚呢？」

小A接著說：「我哪有錢啊，結婚了不想太拚，薪水就那麼一點點也沒加薪，再說老公家挺有錢的，我那麼努力做什麼？而且，養老婆孩子不就是男人該做的事情

嗎？」

頓時我不知道該說什麼了，感覺這道理講不明白。但我知道，又是錢錢錢。錢錢錢，婚姻的第一殺手。基本上百分之九十的婚姻生活出現問題，都有錢的因素在其中。是男人婚後不愛妳了嗎？是妳生完孩子就沒價值了嗎？都不是。

婚姻本來就是兩個人的，孩子也是兩個人的，如果不是家庭條件特別好，那麼兩個人的收入都是家庭支柱，這是現實。我周圍也有一些女性生孩子之後，在家待著不工作超過一年，老公和婆婆漸漸都有微詞，各種暗示要她們去上班。

可能妳會說，這男人真不是人，女人做全職媽媽的價值就不被認同嗎？對，這個道理都對，但不是所有人都懂，也不是所有人在愛情和麵包的壓力下都不會變。沒結婚可能想不明白這個道理，覺得真愛能克服一切，可現實的壓力比浪漫愛情來得猛烈得多。

很多女性在結婚前都想要嫁給高富帥，覺得這樣就能過上一生衣食無憂的生活，可現實生活裡，真正讓女人一生無憂的，不是優秀的男人，也不是好的婚姻，而是自己有足夠的能力過好生活。不論兩人的經濟能力是勢均力敵，或者稍有差距，總之，自己先經濟獨立，養活自己，這才是婚姻裡最大的保障。

我自己有錢啊，錢就是底氣

我的美容師馬上要結婚了，她每天四處奔波去各個客戶家服務，非常辛苦。有一次她跟我談起未來生活的計畫：「很多客戶跟我說上門美容太辛苦了，女孩子沒必要做這麼辛苦的工作，但我要是不工作的時間長了，我婆婆肯定會嘮叨。現在我還沒結婚，就要多賺錢，以後要是我不想做了，也有的是錢，想幹嘛就幹嘛，她看不順眼也不能說我什麼，我自己有錢啊，錢就是底氣。」

有錢就有底氣，多簡單的道理。可大部分人不懂，總覺得結了婚就把賺錢養家的工作交給男人。不給靠就是你對我不夠好，就是你變了。把一生的物質和精神都依賴在另一個人身上，當對方迫於經濟壓力扛不住的時候，不是對你不好了，而是真的撐不住了。這個道理，對誰都一樣。

有一次金星採訪楊冪：「如果妳想幫妳爸媽買一棟房子，妳會跟劉愷威商量嗎？」楊冪說：「不會，因為我買得起。」

錢就是底氣，這個道理不光是單身的時候適用，在婚姻生活裡更為重要。如果妳留意一下周圍人的家長裡短，就會發現這些事情無不跟金錢有關。小到家裡誰多花了錢，大到房產署名，說白了就是金錢關係，比如說：「商場裡看上一件兩三千塊的衣服，老公說幾百塊的比較適合我，難道我就只配穿幾百塊的衣服嗎？」

「老公偷偷給他爸媽錢，並沒有給我爸媽，他怎麼能這樣，一看就是個媽寶。」

「生了孩子在家當全職主婦兩三年，老公工作越來越忙，我一說買什麼他就說沒錢，他就是對我不上班賺錢有意見。」

「婆婆看我不順眼，因為我窮，覺得我高攀了她兒子，我該怎麼表示我是真愛呢？」

「結婚他們家沒給彩禮，也沒說給房子，是不是我太不受重視了？」

其實這些問題很好解決，就是妳自己努力賺錢，有積蓄，最好結婚之前就有一定的經濟基礎。

老公不買自己買，別說幾千，幾萬的他也沒話說。

老公不孝敬妳爸媽妳自己孝敬，給妳爸媽金山銀山又怎樣？

老公給妳臉色妳就甩一把錢讓他滾，沒他一樣活得精采。

婆婆看不上妳，妳就給她一疊錢告訴她：「妳兒子我包了，妳別說話。」

沒給彩禮那妳也不給嫁妝，沒房子我自己買得起，以後你們來我家看我臉色就行。

Who Cares？就這麼簡單。

結婚生子之後，很多女性就鬆懈了

我的一個男性朋友結婚不久後跟我說：「女人呀，不能結婚。我太太結婚前挺上進的，現在天天不想上班，想辭職在家看韓劇。我雖然養得起她，但這麼下去也不是辦法。」

很多父母覺得，女孩子就應該嫁個好人家，一生過平穩安康的生活。很多女孩子根本不屑，覺得自己才不想要什麼安穩的生活，自己奮鬥過的精采生活才是最好的。結果一結婚，反倒馬不停蹄地一個個鬆懈下來了。

結婚以後不應該更加努力為小家庭奮鬥嗎？有孩子以後不應該更努力地給孩子賺學費嗎？為什麼反而鬆懈了呢？很多人說，我結婚了，準備要生孩子，還那麼努力工作做什麼？我要帶孩子啊，哪有時間自我提升？

我周圍很多女性結了婚一樣過得精采絕倫，論經濟能力簡直是個印鈔機，沒安全感的應該是她們老公；還有很多媽媽，帶孩子和自我提升兩不耽誤。跟我一起上課的有很多都是全職媽媽，還有很多住在很遠的地方，有的甚至帶著孩子來上課。

當然，優秀不一定要用金錢來衡量，比如我還認識一位超厲害的全職太太，把家裡四個孩子和老公的生活打理得井井有條，她自己做的花式月餅，好吃程度堪比五星級飯店，看她每天晒的一日三餐，我覺得她家人簡直太幸福了。重點是她保養得非常好，她最大的孩子都工作了，她看起來卻像三十多歲的人，每天美美地生活，料理家務、照顧孩子和老公。我不禁跟朋友感嘆：「我要是個男的，也心甘情願養她一輩子啊，太完美、太厲害了，這樣的女人誰不愛啊。」

關於女性價值的討論，一直以來眾說紛紜。女性的價值有很多種，不僅僅是金錢，還有其他，但重點是，妳好歹也具備一種。最可怕的不是妳不夠努力，賺不到太多錢，而是用婚姻和孩子當擋箭牌鬆懈自己，美其名是照顧家庭，可天天老公一上班就看韓劇，孩子也教得亂七八糟。有一天老公出軌了，卻跑來哭訴：「我為了你放棄工作失去朋友，你怎麼能這樣對我？」

之前有個網友說，有了孩子以後，老公也不願意為孩子花錢，自己全職了好幾年，婆婆也看自己不順眼。等孩子上幼兒園，她就不顧一切壓力出來做點小生意，賺了不少錢，現在能養活自己和孩子了，每天過得開開心心的，婆婆和老公反而態度好了起來，甚至把她當女王一樣供著。她終於明白，不是老公變了心，而是之前自己以孩子為藉口鬆懈了自己。與其把未來的幸福交給另一半和變化不定的婚姻，不如自己多努力賺錢。當一個女人有能力過好生活的時候，她周圍的一切才會好，她也才能為自己的人生做主。

第四章

學習，讓你受用無窮

浩大的世界，
充滿著競爭。
你要想過得越來越好，
就需要能力來支撐。
提升能力的途徑，
唯有學習。
學習，
無論何時都是一件讓你受用無窮的事。

(45)我為什麼從不遮罩朋友圈裡做生意的人？

這種看著就讓人欲罷不能想掏錢的文案，不是誰都寫得出來的。很多人說想要學寫作、文字不生動之類的，朋友圈微商不就是我們學習的範本嗎？

我的朋友圈裡有很多賣東西的人，他們做微商賣一些奇奇怪怪的東西，或者賣海外代購的產品，或者賣保險、賣燕窩、賣房子等。很多人討厭朋友圈裡賣東西的人，紛紛遮罩[8]或刪掉，但我從來沒刪過他們，除了買買買以外，我還會每天睡前看一遍，定期瀏覽。因為這些人不僅給我提供方便的購物管道，最重要的是，還教會我很多別人沒注意到的事情。

8 微信的功能，設定之後，就不會再收到該朋友的訊息通知或是提醒。

幾句話就讓人掏出錢來的文案寫作能力

世界上有兩種東西最難，一是把自己的思想裝到別人的腦袋裡，二是將別人的錢賺到自己的口袋裡。朋友圈做生意的文案，就做到了這兩點。這其中最厲害的當屬賣保險的、賣房子的和賣女性保養品的，舉例來說：

一、賣燕窩的：

曾經認為女人善良就很好了，直到有一天看到一段廣告文案：一味地標榜內在而忽視外在，是膚淺的女人。女人應該看起來優雅，聞起來芳香，摸起來滑嫩。希望我們六十歲走在大街上，還有小帥哥向我們吹口哨，到那時就可以抬起我們優雅的玉手告訴他，我是你奶奶……

二、賣保險的：

曾流行這樣一句話：「為什麼你生病要我來為你捐款呢？為什麼要別人為你買單呢？」含淚籌款，不如含笑投保，在你有能力的時候為自己投保，不至於落魄時沒尊嚴。保險是一種生活方式，求人不如求己！將來的你，一定會含淚感謝現在投保的自己。

三、賣房子的：

最後一週的買房機會，回顧你的看房紀錄，你看過的房子是不是都已出售了？當初你覺得這房子什麼都不合適，現在你覺得那房子什麼都挺好的，只可惜一比較，價格又漲了，只因當初你少了一分對我們的信任，我們的肺腑之言、苦口婆心你視而不見，覺得我們只為了要賺你的佣金，一年又一年，總是有人歡笑有人悲，我只能呵呵。

想掏錢嗎？心酸嗎？想崇拜地跺腳嗎？這種看著就讓人欲罷不能想掏錢的文案，不是誰都寫得出來的。很多人說想要學寫作、文字不生動之類的，朋友圈微商不就是我們學習的範本嗎？當然，我不是要你去賣保險，而是學習這種思路，直擊痛處，當場濺血，立刻買單。

滾雪球般勤勞致富的過程歷歷在目

我觀察朋友圈裡幾個做代購的整整一年。還記得剛認識他們時，他們只是用下班後的時間，低價買進從國外亞馬遜網站找來的東西再高價賣出，比如洗髮乳、沐浴露，吃的喝的什麼的。那時候跨境電子商務平臺不大，小代購們像螞蟻搬家一樣，讓我認識了很多國外新鮮有趣的產品，更重要的是，我看著他們搬運的包裹越來越多，賣的種類也越來越豐富，有幾個代購看起來已經辭職並且開始招代理分銷了，淘寶店也做得有聲有色。

我有時候看到他們覺得很感動，那種一點一滴都是自己動手努力，再一點點像滾雪球一樣壯大起來的感覺分外觸動人心。身為上班族，我做得最多的就是團隊合作，很少看到自己的力量有多大。很多人問我：「我想做某某事情，但不知道自己行不行？」其實就像這些做代購的一樣，從買貨、安排國際快遞、等待物品（有時候還要承擔運輸損壞的風險），再自己寫文案、賣東西、產品上架、發快遞、收款、客服，一個人做這麼多事，他們也不知道自己到底行不行，但就是一項項去做了，並在這個過程中獲得一點一滴為生活更美好而打拚的幸福感，這和上班族按時領薪水的感覺完全不同。

每次自己急於求成的時候，想想他們，內心就會慢下來。

維繫客戶，從力挺客戶開始

二〇一五年年底，我的書《當你的才華還撐不起你的夢想》上架第一天，朋友圈裡做代購的、做微商的，紛紛跑去當當網買書，最多的買了一百本，最少的也七八本，有的發給團隊成員學習，有的當作活動禮品，如消費滿一千元送本書等。在這些店鋪中，有的我根本沒買過東西，有的只介紹過幾個客戶，有的我買過，但也不是什麼VIP。因此，我很感動、也很震驚他們的貼心和用心。

曾看到一位單親媽媽寫給我們共同的奶粉代購商的感謝信，感謝她在自己孩子生病的時候，幫她在朋友圈裡找到了特別稀有的藥品，在孩子每次生病的時候給她各種指導和幫助，讓她覺得不僅僅是買賣關係，更是朋友，是恩人，是無所不談的閨蜜；這才是維繫客戶關係的最高境界吧。

很多人說，朋友圈裡的人做生意，都特別賺錢，感覺他們是大騙子，買他們東西的傻子明顯腦子不好。可這些簡單卻難以做到的生意經，我們在自己的日常生活和工作中能做到多少呢？寫不出讓人想掏錢的文案，受不了一天十八小時工作的辛苦，拖延和懶惰讓自己難以進步，背地裡總罵客戶是傻子，這就是我們的常態吧。

其實朋友圈裡做生意的人並不討厭，他們可能動不動就洗版讓你看不到想看的東西；他們可能總發些你不需要、不喜歡的東西讓你煩躁；他們可能賺錢太多讓你嫉妒、讓你不爽；他們的工作可能讓你覺得Low還看不起。但在他們日復一日的堅持和成功裡，總有些精神值得我們用心體會。從每個人身上學一點能讓自己更加強大的東西，你才會越來越好。

換一個角度看就是，學習，無處不在。

⑷⑹大人的世界裡，智商相等的人才能玩在一起

大多數人覺得階級的產生是因為錢，因為資源，沒錯，但成為有錢人，或者成為有資源的人，也同樣是用智商贏來的。

有段時間身體不好，天天在家休養，趁機追了一部電視劇叫《歡樂頌》。劇中的魏渭發了一個謎語給Andy，Andy翩然一笑，淡定自若，又充滿興趣。高智商、高水準的較量一覽無餘，帥呆了；我迷戀這種高智商高水準的較量。

這部劇給人耳目一新的感覺，真實、刻薄、犀利，劇中人物就是生活裡的你我，其實以前也有類似的電視劇，但不同的人物形象，塑造完全不同的生活圈。不同的角色看似圈子不同，也能成為互相幫助的好姐妹，但也只能是互相幫助的好姐妹，無法再更進一步交往。與其說家境不同、背景不同、能力不同，不如說智商不同。

智商是成年人世界裡劃分等級的最重要因素。我不是刻薄，我自己深刻體會過，體會被別人甩了的經歷。

我大學三、四年級在北大做交流學生，身為二本的學生，就算我在二本學校裡再神再凸出，來了北大，連上課都跟不上。

什麼叫跟不上呢？比如西洋文學課，別人看一本書，能寫兩萬字的讀後感想當小考作業；我連簡單的人物關係、複雜的人物名字都弄不明白，坑坑巴巴湊了兩千字交了。比如別人每天上課、社團活動、外出實習、參加競賽，考試照樣九十八分；我什麼事都不做光學習，卻只能得七十分。比如別人在圖書館一疊疊全英文的教科書像看中文書；我拿本英文雜誌從頭看到尾都需要點時間。

有一次在聽廣告的課程，我下課後問了老師一個問題，老師抬頭看了我一眼，冷冷地問我：「妳不是北大的學生吧，妳不像。」我愣了一下。其實我問的問題也沒多低階，但從眼神、從反應、從語氣裡就能看出來。這事我一直記得，無論日後我變成什麼樣子，都會記得當時老師輕蔑的口氣，和一眼看穿我的窘迫。

大人的世界裡，只有智商相等的人，才能玩在一起，哪怕只是逛街。

後來很多人問我，妳怎麼去北大交流的，怎麼去的？我也想去。你看我就沒這個資源，所以無法成功。其實，在不在北大很重要，但更重要的是你的智商，智商不夠，去了也沒用，一樣跟不上被人恥笑，我不就是個例子嗎？

很多時候，不是你沒有資源，而是你的智商讓你到不了那個圈子。就算你耍小聰明混進去了，大家高手談笑風生的時候，你最好的保全方式就是別張嘴。

很多人說，特別討厭劇中的小蚯蚓，覺得她傻透了，而且朽木不可雕，自己生活裡要是有這麼一個人，一定離得遠遠的。大家都喜歡聰明的Andy和小曲。當然，在劇中她們兩個人的社會地位和資源也是最高的，但仔細想想，喜歡她們是因為她們有錢嗎？不是，是機靈，是聰明，是智慧。

在職場上你可能會經常聽到這樣的話：「我不喜歡跟不聰明的人合作。」說這些話的人，往往自己很聰明。很多人聽到這句話會覺得不舒服，大家智商都差不多，偶爾一兩個人反應慢些，你不能這麼看不起人啊。

跟有些人合作，你說了A，他就知道你要做B；但跟有些人合作，你詳細地說了一百八十遍，對方還是沒聽懂。如果是你，你怎麼選？

雖說大部分人的智商差不多，但不同的教育程度、周圍環境、所受的薰陶，慢慢會把人與人之間的差距拉開。那些跑在前面的人，經過各種嚴苛訓練，越跑越快；而落在後面的人，慢悠悠地自得其樂，還嘲笑前面的人不懂生活。當差距拉得再大的時候，不同的階級就產生了。

大多數人覺得階級的產生是因為錢，因為資源，沒錯，但成為有錢人，或者成為有資源的人，也同樣是用智商贏來的。

我是個智商一般的人，儘管跟我共事的人都說我聰明，但我總覺得自己只是小聰明，在大智慧上很欠缺。我曾在一本書中讀到一句話，這也是我在大學最苦悶的時候點亮我的一句話：「當你在暗夜裡獨自努力奮鬥的時候，不要覺得孤獨，你要想到，這世界上有千萬個神人正跟你一起奔跑。你要努力奮鬥，想辦法和這些神人打成一片，有一天你不仰慕別人的時候，你才會成為神人。」

這句話支撐了我很久很久，每當我在學校裡得了第一，覺得自己神的時候，我總在想，北大清華的同學在做什麼，在考什麼。我去他們的學校，讀他們看的書，和他們一起上課，讓自己的自滿和驕傲被瘋狂打碎，再重塑。

我是一個有點自卑的人，我周圍的人都不相信，大概是打碎的次數太多了。很多人覺得我很拚，其實是因為每當我覺得自己很努力的時候，又會覺得我拚命地努力，可能只是人家一個揮手、眨眼的起點，這個差距，讓我看清現實，也讓我自卑。

我把自己一步步逼到絕境，希望自己變得更好。不見得智商成為一八〇，但至少跟別人工作交流的時候，不要讓別人翻白眼，也不至於見到仰慕的人沒話說。

我依然有名校情結，我在工作中遇到的人幾乎都是國內外名校畢業，跟他們說話我依然會自卑。但也是這種自卑，讓我仰慕高智商帶來的高水準較量，就像美麗能幹的 Andy，讓我迷戀那種綽約與優雅。

(47)你是如何離夢想越來越遠？

你大部分時間都用來滑手機，總是在尋找能讓自己學習效率更高的軟體和學校，其實最好的軟體是你的「堅持」。

新的一年已經開始，一年一度的立志比賽又開始了，大家又開始暢想未來。你以為日子會越來越好，離夢想越來越近嗎？時間不會改變一切，如果你沒任何改變。不信你看看，以下自己中了幾槍？

一、一提學習就想睡，一說買書就哭窮

總說要學習，也明白學習的道理，但拿起書就開始想睡覺，學習超過一個禮拜就覺得自己了不起，堅持看了一個月書就恨不得告訴全世界。

吃喝玩樂低於兩百塊都覺得太便宜，出門逛街買買買，袋子多到提不完，但要你

買本書，二十塊錢都嫌貴。要你上個課、向別人學個小本事，就覺得划不來，左問右問下不了決心。等下定決心，名額早滿了，又開始假裝後悔，好像自己很愛學似的。

朋友妮妮有篇文章寫道：「老媽三十年來每天早晨五點起床料理全家的早餐，自己不過早起了一年寫作就覺得自己了不起。」這句話真是一針見血。

二、想賺錢覺得沒管道，因為你沒能耐也不想學

我有篇文章提到了一個特別努力的朋友，來北京幾年就月入十萬了。有讀者問：「我以為是要告訴我怎麼變有錢呢，但我沒他的管道啊。」你有管道也是白搭，你什麼能耐都沒有，也不想學，就想著無本生意、有沒有捷徑什麼的，你要找到了也告訴我一聲。

三、看不到別人的優點，只看別人的缺點

與人相處看不到別人的優點，滿眼都是別人的缺點，這也不如自己，那也不夠好，覺得自己厲害得不得了，什麼都看不上眼。恃才傲物，總覺得全世界都配不上自己。對自己寬容又自信，都不知道哪來的自信，自己犯錯誤都可以原諒，別人少說一句謝謝就打入冷宮，恨不得拉黑永生不再相見。

四、固守自己的舒適圈，拒絕嘗試新鮮事物

遇見新鮮事物，就覺得一定是騙子。不肯做新的嘗試，等自己落後了才後悔，講述自己當年本來也可以如何如何，好像你做了現在就是比爾•蓋茲似的。永遠固守在自己的舒適圈裡，看著外面的天發生巨變，以為自己活得挺好，等被時代甩開了，才覺得自己想努力卻不知道從何下手。

五、老覺得自己懷才不遇，是因為你根本沒有才

你覺得自己不喜歡現在的科系、現在的工作、現在的公司、現在的同事，總覺得大家都不能讓你發揮才能，覺得不適合自己，總覺得最好的地方在別處，天生我材必有用。其實不是工作、公司、同事不適合你，而是你根本沒有才華，去哪裡都是一樣。天下沒有懷才不遇這種事，只可能是你根本沒有才。

六、稍微努力就怕過勞死，也太愛惜生命了

你放心，以你的努力程度，離過勞死還遠著呢，而且以你的惜命程度，稍微晚睡一小時，一定會補個大頭覺。看到別人拚命，總覺得對方一定身體不好；看到別人收穫多多，總吐槽身體不好賺再多錢也沒用。可惜，大部分人努力又勤奮，錢多身體還很好。

七、總安慰自己小確幸，看見別人更好又嫉妒得不得了

想要小確幸沒什麼錯，並不是所有人都必須努力奮鬥。但看到別人成功，無論是有錢有名，都別嫉妒。大多數人只能做到前者，看電視、嗑瓜子、吃吃喝喝，但一看到自己身邊的人，或者十多年前的老同學現在混得超好，就按捺不住了。不是造謠，就是誣陷，帶著濃濃的嫉妒心，恨不得把別人說得骯髒汙穢，只有你是聖人。只不過，別人依然優秀得不得了，而你依然是渣。

八、心態暴躁，花一毛錢就覺得自己是大爺，你們都要把老子伺候好

現實生活裡不得志，就容易在別人身上發洩。稍微花點錢就覺得自己是大爺，誰不把我伺候好就大聲吼叫，不允許別人對自己一點點不恭敬。快遞送晚了就要投訴，大雨天送餐晚了就碎念，沒有一點包容和體恤之心。

九、看別人學什麼都想學，生怕自己落後，但學什麼都堅持不了兩三天

別人有的，自己都想要，別人學的，自己都想學。手機軟體下載了一大堆，沒有一個能堅持看過三天；一到打折就買書，一大疊放著一年看不完三本。大部分時間都用來滑手機，總是在尋找能讓自己學習效率更高的軟體和學校，其實最好的軟體是你的「堅持」。

十、不曾努力過，卻覺得自己將來一定是大人物

不曾做過任何努力，卻覺得自己將來一定是大人物，一定能做大事。看周圍的人都覺得 Low，自己清高得要命，但自己到底還是跟周圍人一樣。遇到比自己強的人，就覺得別人有不可告人的背景；遇到不公平的事情，就安慰自己是因為沒這樣的好命。哪裡有那麼多的運氣、機遇和伯樂，大多數人的成功，都只是因為他們長久堅持和努力，而你，光看著別人的亮麗光鮮，內心就做各種腹誹，又談什麼實現夢想、躋身菁英呢？

⑷⑻你把錢花在哪裡，決定你過什麼樣的生活

喜歡旅遊的，年紀輕輕就走遍世界各地；喜歡讀書的，早就成了薦書達人。其實把錢花到什麼地方都沒有對錯，人生的每一個領域都能學習精進。

以前我上班的時候，座位對面有一位女同事，孩子七八歲，眼界寬廣，知書達理，興趣廣泛，一看就是個機靈少年。她每年都會在孩子放假的時候，帶孩子或者全家老小出國深度旅遊一個月，年假不夠就請扣薪假，總之一年兩次出國絕不更改。每次出遊少則十來萬，多則二十多萬，被我們稱為土豪。每次土豪瀟灑回來發禮物，我們都戲謔說：「土豪媽媽妳好有錢啊！」有一次她跟我們說：「我不是有錢，我只是願意把錢花在這件事上。」

這句話我印象很深刻，到今天都記得，並且給了我很大的啟發。其實我們的生活也是如此，大部分人並不缺錢，而是分配不同。比如有人願意花兩萬買個包包，有人願意用兩萬報名課程，有人願意用兩萬買化妝品。把錢花在哪裡都是個人意願，沒有

什麼對錯，只是把錢花在哪裡，你就會收穫怎樣的人生。

我剛進公司的時候，帶我的主管是個二十六七歲的女生。她那時候工作了三四年，服裝非常簡樸，永遠都是黑西褲、白襯衫、黑皮鞋。畢竟我們是外商，她這身打扮看起來一點都不像其他女同事時尚。每天吃飯都是小火鍋和麥當勞，很少跟別的同事一起去吃高檔的東西，或者慕名去什麼地方。因為她是我的主管，所以我接觸得比較多。我發現她特別專注於工作，每件事都鉅細靡遺地研究，晚上一個人加班到很晚，做什麼都特別苛刻，週末也不休息，私下接案賺錢。有時候聽到別人背後議論她，我也覺得很奇怪，為什麼年紀輕輕，不好好打扮談戀愛，這麼嚴肅認真幹什麼？沒多久，我轉正職之後，她離職了。她拿到了美國凱洛格管理學院的錄取通知，同事說，她這些年存了一百萬，拿著這些錢去美國讀 MBA 了。後來我們再沒有聯繫，前陣子我在 Linked in 上偶然看見她，她已經兒女雙全，並且在某個著名的投資公司做副總裁了。

我認識了十五年的高中同學老高，熟悉我的人都知道我經常在微博上開她玩笑。十年前我們是高中同學，她長得又黑又胖，天天不讀書，在我床頭嗑瓜子。大學三年級的時候她去日本做交換學生，然後就留在日本。到目前為止，她在日本開了兩家飯店，但她最喜歡的還是買買買，用各種化妝品、包包、衣服打扮自己，並且做代購。我的很多讀者、朋友都是她的客戶，而且都誇老高太美了。老高跟我說：「老趙，我就不太理解我家人老買房子，其實我不是沒錢買房子，只是我喜歡把錢花在衣服、包包、化妝品上，我覺得把自己打扮得漂漂亮亮，心情特別好。」現在的老高是個大美人了，白富瘦美，雖然年過三十，但精緻靈動（跟優雅無緣，因為老是排擠我），走到哪裡都是風景，回頭率超高。偶爾翻出小時候的照片一比，彷彿整過容似的。你看，把錢花在打扮自己上，就能改頭換面（整容都沒有她美）。

每當我們看到別人在某方面一擲千金的時候，總會感嘆：「你好有錢啊。」其實並不是對方豪氣，而是他喜歡在某方面花錢，比如喜歡買房子的，可能有好多棟豪宅；喜歡旅遊的，年紀輕輕就走遍世界各地，領略異國風光；喜歡讀書的，早就成了薦書達人。其實把錢花到什麼地方都沒有對錯，人生的每一個領域都能學習精進。但是，當你花在某一個地方，另一個地方就會有所缺失，你不能什麼都想要，什麼都要得到。你把錢投資到哪裡，決定你成為怎樣的人，過什麼樣的生活。

不過，我還是覺得，年輕人可以在買買買之餘，多挪一點金錢和時間投入在學習上，畢竟增長才幹有助於賺更多的錢，花在自己想要買買買的地方。

⑷⑼不給錢，卻還那麼理直氣壯？

請別人幫忙就一定要付出酬勞感謝別人，這不是熟不熟、認不認識的問題，越是熟悉的人，越應該學會彼此尊重，才能讓友誼長存。

我很多出了書的朋友，都遇過同樣的問題，就是總有讀者要求免費送書，或者提供他們免費的電子書。問為什麼，他們總是說：「我窮啊，沒錢，妳又不差一本書，給我一本吧！」

每次遇到這種事，大家都很生氣。為什麼生氣呢？不是因為自己的利益受損，而是因為不受尊重而生氣。寫一本書至少要十萬字以上，有的人要寫一年，有的人要昏天暗地寫一個月，這樣的辛苦讓你花幾塊錢買個電子書都覺得不值得，你說氣不氣？如果你是寫書的人，電子書賣〇・九九元，版稅只有〇・〇九九元，讀者還要求免費，你會怎麼想？

前陣子有個朋友開了一個寫作班，每人收費九十九元，因為要請助教批改作業，他還邀請了一些神人週末來分享，總要有點經費運作。每期只收三十個人。結果有人在網上留言：「為什麼不免費？這東西還要收錢？」

為什麼不給錢，還那麼理直氣壯？

曾經有段時間很流行澳洲打工遊學，就是你去澳洲的農場工作，摘香蕉、種棉花什麼的，農場主人負責你的三餐和住宿，你可以利用不上班的時間去附近玩。很多年輕人都趨之若鶩，每年一開申請就立刻爆滿。其實這就是最基本的等價交換。大家都是成年人了，如果你想要什麼，就要付出些什麼，要嘛是自己的辛勞和時間，要嘛是金錢。還有一種就是現在很流行的留學生住家裡，免費住，甚至免費吃喝，但要輔導屋主家孩子的英文，這樣留學生不用付住宿和吃飯的錢，孩子不需要付外籍教師的費用，一舉兩得。這個模式現在非常受歡迎，很多仲介機構都報名者如潮。

其實我們並不窮，可能買不起房子和車，但買一本書、買一件設計作品的錢絕對不缺。我們缺乏的，是為自己想要的東西付費的觀念，即等價交換。加上中國人很要面子，不好意思拒絕就會答應，答應過後自己難受，最後兩人都不舒服了，都覺得自己委屈。

工作上我有許多的合作對象，不管和這些合作者的關係如何，每次我都會為他們爭取我能爭取的最高價格。很多人問我，你跟他們關係這麼好，為什麼不能要他們算便宜點？為什麼不能免費？為什麼不要他們免費幫幫忙？這樣的話我說不出口，我覺得占用了別人的時間、精力和腦細胞，就應該為此付費，沒錢我也要給點別的。如果我沒有錢、沒有能交換的，就自己去做，如果請別人幫忙就一定要付出酬勞感謝別人。這不是熟不熟、認不認識的問題，越是熟悉的人，越應該學會彼此尊重，才能讓友誼長存。

平時我最討厭邀稿的人跟我說：「幫幫忙，我們公司沒什麼錢，這次活動也沒有廣告經費，要寫的東西也不難，幫個忙吧。」以前我真的很善良地幫忙，但換來的是越來越過分的要求和無休止的邀稿，有時候連一句謝謝都沒有，還要改好幾遍。現在我明白了，純商業的東西，沒有錢就別行銷了，要嘛自己做，別找人。

經過很多次難過和翻臉之後，我明白了，只要你想要別人的勞動成果，就要付出一些東西，比如金錢，比如時間，哪怕是一頓飯，這是一種尊重，尊重對方的時間、精力和付出，也是尊重對方的勞動成果。這是成年人必須學會的一堂課。

當然，這世上不是沒錢就一定不能做任何事，很多事情沒有錢我們一樣會去做，很多事情不是有錢就能做到，也不是錢能衡量的，比如慈善，比如幫助困難的人和家庭。但前提是你要給予對方足夠的尊重，如果你覺得對方的一切都不值錢，沒必要付錢，那還是不要談感情，太傷錢了。

可能你會覺得，星姐原來這麼勢利啊！我不是勢利，我是現實。我們每一個人都希望得到別人的尊重和對自己價值的肯定，因此也要學會肯定和尊重他人。簡單來說，每當你想免費得到什麼東西的時候，換位思考一下，你心裡會舒服嗎？你願意嗎？你會覺得自己被肯定和尊重了嗎？如果沒有，就告誡自己，別再這麼做了。

我以為，人與人之間最重要的，不是賺多少錢，以及誰比誰多賺了多少錢，而是要學會彼此尊重，這種尊重可能來自於你沒有錢，但是你有心意；可能是你沒有錢，但有尊重和感激別人的心；也可能是你有錢可以付點報酬；更有可能是你付不起錢，但你願意去努力賺錢，直到有一天你可以用自己的努力去表達對別人的尊重。我覺得，這是身為一個成熟懂事的成年人應該有的自省和品格。

有人會說：「我就是窮，就是沒錢，但我想要，怎麼辦？」沒什麼怎麼辦，去賺錢啊。二三十歲的人，知道自己窮還不去努力賺錢，只會天天喊窮。你窮別人就該什麼都給你嗎？窮就能理直氣壯地坐享其成嗎？

還有人說：「我沒辦法一下子賺那麼多錢，可我想要新手機和新電腦。」那你還是去賺錢，慢慢存錢，存到你買得起為止，或者先買一個二手便宜的。我人生的第一臺筆電是我上班後用自己存的一千兩百元買的，雖然是二手貨，但我用了很多年。誰的錢不是一點點存起來的，沒有人能走在路上，撿到一堆錢。

我兒子在幼兒園裡認識好多小朋友，經常會有小姐姐小哥哥把自己的零食分享給他。他年紀小，也不會帶著吃的到處跑，但每次都會轉身跟大人要零食，再送給哥哥姐姐一起吃。他可能不懂什麼等價交換，也不懂什麼回報，只是單純的「你給我，我也給你」，僅此而已。

別再藉口自己窮就堂而皇之地跟別人要，別再因為認識或熟悉就不給錢，別再覺得沒付錢就是占了便宜。花錢當然會心疼，占便宜當然會開心，但我們要學會為自己想要的東西付出代價，這樣才能得到更多。

⑸越長大，智商越低

大多數時候，我們習慣把一切原因都歸咎給父母、家庭、社會，唯獨忘記自我教育和自我學習的重要性。

曾跟一個香港的前輩吃飯，他突然問我：「是不是你們上大學，都要父母送到大學裡？最近好幾個員工請假，都說要送孩子去上大學，一請就是兩個禮拜，是這樣嗎？」

我說：「是啊，一般父母都會去送吧，你們不會嗎？」

他很驚訝地說：「當然不會，我兒子初中去加拿大留學，我把他送到機場，以後都靠他自己了。你們難道不是這樣教育的嗎？」

「好像，不是，吧。」我回答他。

我上大學的時候，也是我媽送去的，註冊、轉系、交錢、報到什麼的，弄了兩天，我媽才回去。

那時候我們基本上都只會讀書，出遠門也是跟父母一起，自己單獨或者跟朋友一起的時候，連本市都沒有出去過，更別提一個人出遠門去上大學了。就算考到本市的大學，父母也會擔心不能順利註冊和報到，必須親自跟著去才放心。

但那個時候的我們一心希望父母趕緊放手，海闊天空，終於輪到自己縱橫馳騁了，簡直太爽了！可是，你有沒有發現，經過四年大學的錘煉，走進社會以後，我們反而越來越無能了。

活了二三十年，反倒什麼都不會了

我收過很多人的來信，原本是每信必回，現在是根本不想看。不是我懶，也不是我高傲，而是我覺得那些問題無從回答，比如說：

「家裡不富裕，父母薪水就八百多塊吧，但我想去留學，非常想，但父母不希望我去，該怎麼辦呢？我感覺無法保護自己的夢想了。」

「星姐，上次妳推薦的學習網站我去註冊了，但我不知道從哪裡下手開始學習，能不能幫我整理一下？」

「星姐，我下班就想躺著看電視，沒辦法繼續學習讀書，你說我該怎麼辦？」

「星姐，我馬上要辭職去北京上班了，我的公司地址是……我不知道怎麼租房，妳能不能在我到之前，幫我找個房子，不要太貴……」

起初，我覺得沒什麼，只是無法回答，不知道從哪裡開始回答。直到有一天我帶孩子去遊樂場玩，看到很多小孩子爬上爬下，他們的父母都遠遠坐著看，孩子摔倒了就喊一聲：「自己站起來！」那個瞬間我突然意識到，兩三歲的孩子都會努力自己站起來，二三十歲的年輕人問出這些問題讓我有點不知做何感想。

活了二三十年，不會提前找房子，不會體恤家庭和父母，不知道從哪裡開始學習，不會安排自己的生活。我有篇文章提到生活品質的重要性，有人問：

「能不能教我怎麼做代購？」

「我上班很煩，下班也不知道做什麼，請問我怎麼能財務自由？」

我卻很想問，二三十歲的人了，怎麼越活越回去了呢？

與生俱來的天賦，到成年漸漸喪失了

有次高中同學老高問我：「生孩子到底是為了什麼？」

我想了想說：「以前我也不知道，可能就是覺得結婚了就應該有孩子吧，但現在每天看著孩子長大，經常會為生命的神奇而震驚，比如沒人教他走路、說話、唱歌，但他慢慢就會了。一歲多的孩子，他什麼都不會說，單靠各種手勢和表情跟你對話，還不會影響生活。他有自己的思想，知道自己想幹什麼，不想做的堅決不做，超神奇。但當我們成年之後，這些能力都慢慢喪失了，變得越來越幼稚、無能、異想天開，更喪失了重要的學習能力。」

有時候，觀察孩子久了，會聯想到成年人，還會把這兩個階段的人放在一起思考，並覺得震驚不已。以前看到教育書裡說，我們要向嬰兒學習、做好嬰幼兒啟蒙等觀點，我都沒有辦法感同身受，總覺得那些觀點都只是噱頭罷了。等自己有了孩子，開始近距離接觸孩子，才發現生命的奧妙，並且總會擔心，自己的無能是否會耽誤孩子發揮天賦。

教育的職責在於不斷保護並開發更多人的天賦，而這個教育不僅僅針對父母、學校、家庭對孩子的教育，也包括成年後的我們對自己的教育。但大多數時候，我們習慣把一切原因都歸咎給父母、家庭、社會，唯獨忘記自我教育和自我學習的重要性。

人生哪有那麼多不會，就是懶！

我記得兒子第一次下廁所的臺階時，不斷地摔倒，不斷地重新爬回來嘗試，站著下樓，摔倒；蹲著下樓，摔倒；扶著牆下樓，不摔了；不扶著下樓，一遍遍試，兩天之後，學會了。

我看著他的學習過程，非常感動。

人生哪有那麼多不會，就是懶。沒把你逼到絕路，就什麼都懶得動。

不知道怎麼瘦下來，說明遭受的打擊還不夠；

不會背單字，是因為還沒有由於英文不好錯失了什麼良機；

不知道怎麼賺錢，是因為還不那麼缺錢。

如果有一天，因為太胖被人甩了；

如果有一天，因為英文不好錯失了月薪好幾萬的Offer；

如果有一天，家裡彈盡糧絕，孩子嗷嗷待哺，老人家求醫無錢；

你就什麼都會了。

曾經看過這樣一句話：「你以為你什麼都不會，等你失去了所有的依靠，就什麼都會了。」

生活裡，我們需要經常逼迫自己，比如日子安逸的時候想想，如果這時候家裡變窮了，自己有什麼辦法；如果家人突然生病，暫時不能上班了，自己該怎麼養家；如果三個月學好外語就能公費外派留學，你該怎麼爭取；如果突然地震，房子和錢都沒了，你要怎麼帶領全家重新面對生活……

現在的我們要嘛一人飽全家飽，要嘛比上不足比下有餘，活得太安逸的時候，需要給自己一些危機感。開口說自己不會、不能、不行之前，先想想自己到底盡力了沒有！

(51) 辭職半年過得挺好，為什麼還想回去上班呢？

職場帶給人的不僅僅是金錢，還有更多難以名狀的內在。這些內在塑造了現在和未來的我們，甚至會影響我們一輩子。

辭職半年了，我雖然每天在家裡工作，還能每天陪伴孩子，過著讓很多人羨慕的生活，但總括來說，我還是挺想回去上班的。

以前很流行一種文章，說自己工作了很多年，在公司裡非常壓抑、綁手綁腳，終於決定辭職去行走世界、擁抱人生等等。起初自己也挺認同的，工作嘛，總不會那麼自由自在。同一份工作做久了，會感到厭煩，開始懷疑自己的人生是不是就這樣了，再看看萬千世界，看看別人的朋友圈，覺得這不是自己想要的生活。

可是實際上，辭職了就真的可以擁抱理想了嗎？辭職後就一定能放開手隨心所欲大幹一場了嗎？辭職後就真的過著自由自在的生活嗎？

這個問題的答案在於反過來看，上班到底帶給了我們什麼？

公司是一個讓你做事有資源、說話有人聽的平臺

以前我寫過一句話，就是打造個人品牌的必要性，如果有一天你離開了這家公司，你還有自己的名號，自身的價值，這是一個人在職時的重要工作內容之一。

辭職後我見過很多也辭職的人，每個人都想做點什麼自己喜歡的、好奇的、熱愛的事，但都很難做起來，無論之前你多神。每個人都會有同樣的疑問：「我自己一個人勢單力薄，這個事該怎麼起步？」

社會是很功利的，你幫我我幫你，我們有利益關係的時候，恨不得擁抱在一起做親兄弟，但一旦利益關係結束，就可以相忘於江湖了。有感情嗎？當然有，但不多。當一個人辭職了，自己沒有平臺和背景能給別人什麼資源的時候，自然也很難得到什麼。

當然，辭職後最大的感受就是曾經工作的大平臺沒了，你就是自己一個人。起初朋友圈裡還有一堆前同事給你按讚互動，到後來慢慢都沒了，感覺自己發朋友圈還挺多餘的。沒有了工作平臺和背景，很多人都把你刪了。現在你的背景、靠山和平臺都沒有了，只有你自己了。

可能會覺得同事鉤心鬥角，但彼此都是生活中的美味佐料

曾看過一些職場小說，雖然裡面講到職場上各種明爭暗鬥、笑裡藏刀、暗箭難防，但看起來還是挺有意思的。辭職後基本上沒有這樣的生活，就只剩下自己一個人面對電腦天天劈里啪啦地打字。雖然生活和收入都不錯，但總還是覺得缺少點什麼東西。那些曾經在你身邊熙熙攘攘的人群，和鈴鈴鈴的電話聲都沒了，也不需要每天早起晚睡趕時間上下班什麼的，也沒有午餐時間大家一起出去吃飯、八卦，順便逛逛商場了。上班的時候覺得挺煩的，但真的不上班了，又覺得還挺寂寞的。

人一旦不出門，就越來越不愛出門。以前上班會早起刷牙洗臉化妝找衣服，現在想幾點起床幾點起床，反而越來越不愛動，哪怕是朋友約見面也覺得需要耗費很大的力氣。

很多人說，辭職在家的全職太太最大的問題是失去自己，比如經濟獨立。其實經濟並不是最重要的，畢竟現在很多人在家裡做點什麼，都能有點小收入，重要的是人際關係。我認識不少經濟不差的全職太太，日常生活就是帶孩子吃喝玩樂，以及在家做做花藝、晒一桌好菜。剛開始挺有趣也吸引目光，但時間久了，就沒什麼人關注了。連我自己，經常看到別人發朋友圈晒辭職生活都覺得，沒什麼事好做了嗎？可能別人看我也一樣吧。

說白了，就是少了很多人在你身邊吵鬧，就覺得單調，人就是這麼賤。

職場提供的互相鍛煉比單打獨鬥有效

某次跟小夥伴吃飯，聊起自己要辭職做自媒體。小夥伴已經是行銷界的紅人了，隨便一篇邀稿的稿費都是他當時薪水的好幾倍，於是小夥伴也果斷辭職了，準備自己單飛。但我還是建議她，哪怕留一個兼職身分也好，因為錢雖然多，但職場提供的鍛煉還是比自己做要大得多。

簡單說，工作是什麼？表面上是你到公司為老闆做事，但你也不得不承認，工作的每一天、每一個環節，都在與他人合作和學習。無論是公司隔壁桌的人，還是其他合作單位的夥伴，或者是同行的人。只要在公司工作，你就會不由自主地被人推著往前走。

我們都有這樣的感受，當遇到一個超級困難的任務，自己做得快要瘋掉的時候，其實是自己進步最快的時候。每一次升職加薪，都會發現自己被過去那些困難一步步推著向前走，並且一步比一步邁得更大。表面上自己每天朝九晚五、來來去去，但不知不覺中已經能獨當一面，甚至帶領團隊了。再往前走一點，自己可以在業界認識更多的大咖並與大咖們學習和對話，非常有成就感。人畢竟只有在群體中，才能更深刻地感受到自己的價值和存在。

至於說單打獨鬥、成功暴富，這樣的例子當然有，但如果沒有強大的自制力做後盾，沒有積極學習、努力進取的態度和日復一日地耕耘，走鐘的日子很快就會到來。

我上課的學校在一個非常好也非常繁忙的辦公大樓裡，每次進去都能聞到旁邊咖啡廳的咖啡香。我想起剛上班的時候，每次從地鐵出來進入辦公大樓，都會聞到麵包店的香氣。那時候我還沒聞過這種現烤麵包的香味，覺得太美好，這樣上班每天都太幸福了。雖然現在的一切似乎更好、更完美、更令人羨慕，但我還是會想起那些亂七八糟的職場生活。

現在的我不會說職場生活壓抑了我的天賦，辭職才能大幹一場之類的話，也很討厭看有關辭職的文章。我相信職場帶給人的不僅僅是金錢，還有更多難以名狀的內在，比如一個人進入社會後的態度與氣質，形成的圈子與影響力。這些內容塑造了現在和未來的我們，甚至會影響我們一輩子。

所以，如果你還在上班，多想想正面的事情，不要總覺得上班都是地獄；如果你已經辭職，多去接觸社會吧，不要總窩在家裡，即使可能在家工作能賺不少錢。

⒇讀了那麼多書，你有獨立思考的能力嗎？

我們疲於奔命地讀了很多書，上了很多課，聽了很多大咖的演講，但從來不總結也不回顧，然後呢？我們記住了什麼？

有次偶然看到朋友圈裡有人發了上海某國際小學的家長面試題目，是三道開放性問題，乍看我還有點茫然，不知道學校想要怎樣的答案。思考完這個問題之後，我為自己感到悲哀，讀那麼多書、上那麼多年學校，自己依然無法獨立思考，總想著出題方想要什麼樣的答案，而完全不想自己該怎麼作答。

身為一個家長，雖然孩子小，但我也挺關心教育。我加入了一些教育社群，有課外輔導的、有學校的等等。可以看出受夠了填鴨式教育的爸媽，在詬病的同時，紛紛把眼光放在了西方，由於羨慕西方孩子樣樣精通，對自己孩子的教育也極端重視，從孩子三歲起就送到各種才藝班連玩帶學，一年幾萬的學費都不在話下，目標是將來出國留學。但西方教育從小就有一項最重要的能力培養，就是獨立思考，比如，從小就要讀很多書，學會使用圖書館和網路，並對老師出的開放性問題提出自己的想法。在這一點上，我們輸得很慘，並且怎麼也補不起來。

追根究柢，不是因為家長不培養孩子，而是家長沒有這個能力。大部分人從高中或者大學開始，每當遇到申論題，無論是翻書考試或者論文題目，都恨不得拿出網路上的內容來抄，想一想，我們曾經獨立思考、按照自己的理解來作答嗎？百分之九十九的人沒有。我們都做不到獨立思考，還拿什麼來培養孩子呢？

如今很流行在網路上秀自己一年讀了多少本書，彷彿一年讀不到一百本書人生就很失敗。但有多少人願意去讀一本自己完全看不懂或者跟自己的領域完全無關的書呢？有多少人真正獨立思考過每一頁書、每一個字、每一個道理究竟能怎樣運用到生活和工作中呢？你是否會將相似內容的書互相比較，融會貫通，內化成自己的思想呢？大部分人都是為了讀書而讀書，從未思考過。因此讀了好多書，讀完就忘了，更別說培養自己的思考能力了。

那麼讀完一本書該如何思考呢？其實書評就是一個很好的方式。每當有人問我如何能記住自己讀過的書時，我會建議他去寫書評，也經常推薦書評群給朋友圈裡的人邀稿。不過，想要免費拿書、寫書評的人很多，卻沒幾個能寫出優質的書評，不是寫得跟書完全無關，就是把目錄、名言抄一遍。其實不是不會思考，而是懶得思考，覺得記住幾句名言就可以了，還花功夫想什麼？是不是？

我剛剛畢業的時候日子非常忙，衝得特別快，周圍的人都覺得我一定有很大的進步，但我總覺得自己每天疲於奔命，卻經常在晚上停下來的時候，想不起來自己到底做了什麼。那個時候，有個老師告訴我「停下思考，是為了更好地奔跑」的道理。

我開始嘗試這樣做，每當跑得焦頭爛額的時候，就停下來仔細想一想這段時間到底發生了什麼事情，大家的做法自己是否認同；如果我獨立處理這件事，我會怎麼做，是否跟主管的方法一樣；我的差距是什麼；哪些地方我沒有想到。不斷地總結、不斷地歸納，總能有平時意想不到的收穫。

我們常覺得自己很努力，很辛苦，很累，但效率似乎並不高，其實主要是因為缺乏思考。我們疲於奔命地讀了很多書，上了很多課，聽了很多大咖的演講，上了很多網路課程，但從來不總結也不回顧，然後呢？我們記住了什麼？獨立思考並不僅僅是發表自己的言論和思想，而是讓自己的大腦總結、思考、歸納以及串聯與並聯的過程。就像小時候上學，做了一百本練習題，不如把一本書裡做錯的題目好好檢討、分析，疲於奔命地往前跑誰不會呢，但思考能讓你明白下一步該往哪個方向奔跑。

回到前面小朋友思考能力的話題。有一天，我在家樓下的圖書館裡見到一個小女孩。當時圖書館正在舉辦恐龍博物館分享活動，圖書館裡一個著名的老師在跟二十多個小朋友和家長分享恐龍的知識，然後提問。當老師提到第三個問題時，點了一個小女孩。她聲音非常洪亮，說話很快，一聽就是腦子轉很快的孩子，還說個不停。當她回答完老師的問題，老師示意她坐下，但她完全沒有要停下來的意思，還在不停地講：這個恐龍跟她知道的哪個非常像，都生活在什麼世紀，特徵是什麼，為什麼會滅絕，她在哪個博物館以及書裡讀過更多的資料，她想到的一些問題是什麼。老師不斷地打斷她、要她坐下，她卻一直說，全場的家長都在笑，但小女孩依然旁若無人地講自己了解的一切。

我非常震驚，我從來沒見過一個七八歲的小孩能如此融會貫通。她終於說完話坐下時，那個著名的老師也很驚訝，他問了這個孩子是誰家的，並且示意下課之後請家長帶孩子來找他，他要收這個小孩當學生。

那是我第一次見到，比才藝更亮眼的思考能力，竟然是如此閃亮。

⑸職場裡，你不是學生，老闆也不是老師

高薪是發給承擔責任的人，獎金是發給做出成績的人，股權是分給能幹忠誠的人，榮譽是頒給有理想抱負的人，辭退信是送給沒成果還要個性的人。

總有人問我：「星姐，我都遇不到一個能夠教我東西的好主管，每次出錯都對我生氣，可是你不教我，也要給我時間學習啊，我不可能天生什麼都會。我想跳槽，但是又怕下一個公司也這樣，怎麼辦呢？」

每次看到這樣的問題，我都很想說一句，別人憑什麼要把自己幾年的心得體會教給你呢？公司找你來是要一起做出成果，又不是開培訓班的，付你工資還要負責一步步教你，想得太美了你。

為什麼大部分人會這麼想？因為習慣了學校教育，老師不翻頁，學生也不會多自學一點點，所以等到畢業了、上班了，還覺得應該是這樣。主管說要你多學習，不是要你以學生的心態學習，而是以員工的心態來做這件事。

什麼是學生的心態呢？開會不敢發言，做事等待指導，成長等待老闆教。可是現在市場發展這麼快，老闆自己都要學習新知識和新技能，怎麼去教你呢？

很多小朋友覺得，我老闆不會教就不是好老闆，跟老闆學不到東西就要走。職場學習是一個好習慣，可學習得靠自己啊，尤其在一些新事物上自己可以先學，學好了往往還會受到重用，只有笨員工才會抱怨並放棄自己的機會，還說公司不給他時間成長。

假設換位思考，你是主管，或者是創業小老闆，你還會這麼想嗎？你會希望你的員工都有很強的自學和領悟能力，迅速上手幫助公司往前走，還是願意派出一隊人馬先一步步教半年再上崗？

你是哪種愛學習的職場人？

當然，職場也不能說完全沒有培訓，但一對一教學基本上很少，除非你真遇到一個Nice的主管，把你當親妹妹、親弟弟一樣寵愛。大多數時候，職場提供的是集體性的培訓機會，有的公司有小組學習等，可每一次培訓，與同事討論的機會，你都參與、都把握住了嗎？而除此以外，幾乎都得靠自己偷學、自學。但恐怕很少有人能做到瘋狂學習，單就主動學習來說，職場可以分為三種人。

一、想學習，但等著主管教，沒人教就走

好發在實習生和剛入職場的年輕人身上。

此種人習慣了學校被動式教學，總覺得職場上必須你來教我，一段時間內學不到東西，就是公司太差、主管不力、同事自私。總而言之，公司再好、再厲害，學不到任何知識就是公司不好，我不該繼續待下去。

但對於剛畢業的你來說，影印機旁邊的廢紙都是很好的學習資源，公司網路公區的資料夾你可以打開隨便看。人要主動是高中就學過的道理。

二、積極參與公司培訓，但也會日漸封閉

好發在入職兩年以上，已經適應和熟悉職場，並對自己未來有一定規劃的職場人身上。

這個階段的職場人有強烈提升自己的需求，也對自己的未來有比較明確的規劃。因此會很積極參與公司的培訓，並且願意抓住各種學習機會，比如參加小組、頒獎典禮、公司講座等。

但此種人的學習僅限於公司範圍，下班後不會再找任何其他資源補充學習，且會日漸封閉，職位越高，越以為自己很厲害，誰都不放在眼裡，對主管不滿意，主管就是個屁。跳槽率很高，但晉升到某個位置後，就再難高升了。

其實大部分人都是如此。

三、上班下班都學習，資源不夠就自己找

這種人可能是同事裡面最不受歡迎，但主管滿喜歡的人。跟他們在一起要嘛容易心生嫉妒，要嘛會被拖著往前跑，每天忙碌不堪。這種人上班不放過任何學習機會，下班也會積極尋找資源學習。建立高端人脈，上培訓班，自己花錢聽講座，買書學習，與同行及跨領域的前輩交流，一副工作狂的樣子。

在職場最容易遭到嫉妒的就是這種人，但他們也最容易拔得頭籌，受到重用。

曾在朋友圈裡看過一段話：薪水是發給日常工作的人，高薪是發給承擔責任的人，獎金是發給做出成績的人，股權是分給能幹忠誠的人，榮譽是頒給有理想抱負的人，辭退信是送給沒成果還要個性的人。市場沒有四季，只有兩季：努力就是旺季！不努力就是淡季！

聽起來像行銷話術，但仔細想想，還真的有道理。

千萬別跟主管說的一句話

以前有同學私信問我：「星姐，我今年要畢業了，我能不能去妳公司做事，我想跟妳學習。」或者「星姐，妳要實習生嗎？我不要薪水，只要跟妳學習就好。」

每次聽到這種話，我都一陣冷顫。公司也不是我的，不是我說了算，就算是我的，你跟我學什麼呢？我一沒耐心教人，二沒時間教人，重點是我也不是什麼好鳥，天天看書卻還比不過同事，真怕你學不到什麼還很失望。

職場就是這樣現實的地方，不看過程，只問結果。況且，任何一個人在職場上都不足以成為老師，因為每個人的能力其實都有限，如果你話語裡透露出你完全把對方當成老師，希望對方負起責任，那你會發現對方承擔的壓力非常大。因為對方根本沒時間教你，又怕你失望。當有一天你發現他的能力並不能讓你滿意的時候，你就會很失望，對方也會很難受。既然如此，那應該怎麼說呢？

你可以說：「不知道我能不能幫到你或者加入你的團隊一起做事，我也會努力學習，爭取幫大家更多的忙。」這樣聽起來對方就沒有那麼大的壓力了。

當然，如果你有幸找到了一個願意教你的主管，請好好珍惜；如果你沒有這個運氣，只有一個對你大呼小叫、凶巴巴的主管，也不要覺得委屈，因為這才是社會的普遍現象。如果你夠聰明，就要學會自學，從印表機裡，從網路公區的資料夾裡，都有足夠的資源讓你學習。小到一個檔的字體、字型大小、行間距，大到一份方案、標書，都是職場需要關注的內容。

俗話說，跟著千萬賺百萬，跟著乞丐學要飯。偷跟主管學，努力跟神人學，並且在業餘時間學，堅持一年，你的進步和工作狀態會把自己嚇一大跳。到那個時候，你才會深刻體認到，學習，從來都是自己的事，跟別人一點關係也沒有。

(54)只有一腔熱血，根本沒什麼用

人到二十八歲之後，需要的並不是熱血，而是認清自己的能力與缺陷，把熱血轉化成行動。

前陣子電腦被一個軟體占用了很多記憶體，我自己無法移除，就去一個電腦維修店找人幫忙。店裡新來了一個男孩子，自告奮勇跑來幫我。我有點擔心，畢竟小孩很年輕，別修得更糟了。但是男孩子很熱情，熱血滿滿，拍胸脯保證沒問題，我就讓他修了。

過了一會兒，還沒什麼進展，小男孩跟我說：「姐姐，我幫妳升級一下系統，用最新版。」

我說：「可以，但我主要是想移除一個軟體，這個軟體太大了，其他功能都受到影響。」

他說好，說升級後再移除。

可是等到下午我去拿電腦的時候，竟然發現那個軟體還在電腦裡。

我問他：「這個軟體還沒移除呀。」

他說：「哦，這個無法移除，我不會。不過這個不影響，留著沒關係，反正妳也不用。」

當時我就有點錯愕，但因為他年紀小，我也沒說什麼，心想升級了新系統之後應該好用一些，就走了。等回家以後發現，新系統跟很多軟體不相容，很多軟體打不開了。

嗯，我也忍了，有些軟體也不常用，能忍。可過了一段時間發現，圖片也打不開了，連結也打不開了，都不相容了，只有一個能打開，就是Word……

於是，我的電腦現在只能打字。本來是治聾子，現在變成聾子兼啞巴了。

朋友來幫我修，問我是怎麼弄的，我把這個傷心的故事告訴她。朋友鄙視地看了我一眼：「光有一腔熱血，沒有什麼用。」

是啊，我又何嘗不知道呢，也不是沒吃過虧。

以前招過一個實習生，因為我年紀不大，又覺得來面試的孩子不容易，說得掏心掏肺，眼淚都快出來了，感覺不給他機會就會毀了他的一生。說好了一定好好學，說好了一定天天努力不會抱怨，結果到職之後發現，熱情和決心是一回事，能力又是另外一回事。即便這樣，我還是給了他三四個月的時間，但他依然狀況外，無法達到我的要求。本來是替我分擔工作，結果把我搞得更累了，甚至用支付寶給供應商付款轉帳這件事，都要我一步步教好幾遍。

後來，再招人的時候，我再也不看所謂的決心了，只看簡歷，背景、能力、語言，一項項對照，招到的人反而個個都優秀。

我變得越來越冷漠，不相信熱血，也不相信誓言。以前看別人的一封求職信都能感動，別人求求情，我就心軟，現在看都不想看直接按規定做事。周圍的人跟我保證，我聽都不想聽，除了結果，我什麼都不想看。以前以為是自己長大了，心硬了，冷酷了，現在明白了，不是不相信，而是明白只有一腔熱血，根本沒什麼用，無論對別人，還是對自己。

很多人說，勵志文根本沒用，都是胡扯，根本不會幫助自己成長進步。說得太對了，因為你只是一腔熱血，卻不行動，指望一篇文章裡的故事，讓自己成為人生大贏家，對不起，你的重點抓錯了。

我很喜歡讀勵志文章，比如名人傳記，看看他們的人生遇到怎樣的困難，又是如何克服和度過難關。我更關注他們做事的過程，而不僅僅是一兩條看似熱血的語錄；我更關注他們遇到困難時如何思考和想辦法，而不僅僅是他們成功那一刻的光環。

熱血能用多久？也就是你年輕的時候吧，憑著年輕的臉和嬌嫩的聲音還有人多看你幾眼。社會混越久，你會越明白這個社會真冷漠！不管你說什麼，如何的求爺爺告奶奶，都沒人願意給你一個機會，他們憑什麼這麼對你？你想過嗎？

這個社會本來就不該可憐誰，熱血和能力並存當然好，不能並存就選擇後者。無論是求職，還是做任何事情，能力和結果，是所有成熟的成年人，要賺錢養家的成年人，有理想抱負的成年人最在乎的事情。要脾氣、撒嬌、求別人給你一個機會，只會讓人覺得你沒本事，反而不想多看你一眼。

有人曾發信息問我：「我三十五歲了，沒有了年輕的熱血，還能東山再起嗎？」熱血，對於年輕人來說，是年齡使然的東西，就像我七年前寫的文章也充滿了語錄和口號，但成長之後，不是被社會磨平了稜角，而是對自己越來越篤定和認識，越來越知道自己欠缺什麼。在做計畫的時候，從不會先大聲嚷嚷自己想要做什麼，要做多大、多神，而是關注具體怎麼去做、去實踐、去執行。當別人跟我畫大餅的時候，我更關心第一步要怎麼做。

我覺得人到二十八歲之後，需要的並不是熱血，而是認清自己的能力與缺陷，把熱血轉化成行動。不僅能夠揚長避短、踏踏實實地做一些事，在增長學識的同時，賺到相應的報酬，才更重要。

當然，人生不應該分階段，熱血隨時隨地都需要。我現在看到勵志故事、熱血語錄，依然會心潮澎湃，但熱血會變成實踐的動力，讓我的目標更加清晰，行動力也更強。想要偷懶的時候，翻開那些熱血故事看一看，轉過頭，繼續努力工作。

一天天做夢，決定明天一定奮發圖強，可第二天依舊沒被鬧鐘叫醒，這樣光有熱血的日子，才會讓人更加虛幻縹緲又充滿戾氣吧。

(55)別把你的無能，歸咎於父母對你無條件的愛

當我們怪罪父母無條件的愛煩死人的時候，能不能反過來給他們無條件的愛，煩死他們一下呢？就一下？有嗎？

真是嚇壞我了。

發表〈別讓本該退休的父母再為你奮鬥二十年〉之後，出現了一種聲音，總結起來就是：

「你以為我願意花他們的錢嗎？還不是他們寵的，讓我沒本事自己賺錢？當然他們也願意給我啊，這怎麼能怪我呢？」

這個聲音一個兩個也就算了，結果是一大批。

我並不是不能理解這樣不替父母考慮的想法，只是不能理解，你都二三十歲的人了，居然還能這麼想，要不要臉？

等你當了父母，才知道什麼是無條件的愛

什麼是父母無條件的愛？

我沒孩子的時候，以為無條件的愛就是父母辛苦工作，中午回家哪怕只有半小時也要先幫我做好飯，每頓飯都給我一個大雞腿，自己卻還來不及吃飯就急匆匆回去上班。

有了孩子以後，才知道無條件的愛就是明明知道這麼愛是錯的，還是會這麼寵溺；明明知道這樣會慣壞他，還是不忍心讓他哭一聲。這個感受，只有生了孩子才會懂。

沒孩子的時候，鄙視別人家父母對孩子無條件的愛，甚至大放厥詞，「你應該如何教育你的孩子」等等。有了自己的孩子才知道，孩子喝奶半天沒打嗝自己都會擔心很久，孩子睡得沉了都要用手試試還有沒有呼吸，生怕有什麼問題。

以前我努力工作賺錢，沒什麼目的，就是單純地賺錢，喜歡賺錢而已。遇到不喜歡的事情，我可以選擇不做，可以選擇放棄，可以撒嬌不要這份工作、這份錢。但是有了孩子之後，不管有錢沒錢，都會想著不喜歡、不願意、再辛苦也要做，隱忍著自己內心的不痛快也要工作，並不是說養孩子要花多少錢，而是希望能多給孩子一些，不管他用不用得上，我得有，得替他準備。

年代不同，每一個世代的人也不同，但對孩子無條件的愛都是相同的。如果你現在沒有孩子體會不了，那麼把這段話發給你的父母問問看，從你出生的那一天起，他們對你的心情是如何？

什麼是無條件的愛？就是父母對孩子的愛，明知道沒什麼投資報酬率，還是會愛得死去活來；明知道可能養出一個狼心狗肺，但還是會選擇努力不讓自己遺憾，不讓孩子缺愛。

這很偉大嗎？不偉大，這是最基礎的愛。

反過來，你對父母也是無條件的愛嗎？

泰國有個廣告，講一個離家出走的女孩，餓得不行走到了一家小餐館門口，眼巴巴地想要點吃的。店主阿姨給了她一碗麵，她對店主感恩戴德，極力表達感激，店主問她：「我就給了妳一碗麵而已，妳就覺得我對妳好得不得了，妳想過妳媽媽為妳操了多少心，給了妳多少愛？妳怎麼就不覺得妳媽媽好呢？」原來，女孩的媽媽在找孩子的時候，路過了這家店，給了店主女孩的照片和一筆錢，並且告訴店主，如果遇見這個離家出走的女孩，請給她一碗麵吃，別讓她餓著。

很多人跟我說：「我的父母很煩、很討厭，不讓我做這個也不讓我做那個，擋著我成為人生大贏家的路。他們總用自己的觀點來左右我的人生，我討厭他們，該怎麼辦？」

說句不客氣的話，你要是個能幹的孩子，父母絕對不會擋著你，正因為你父母看出你沒有什麼天賦異稟，所以才要保證你安全健康地活在他們身邊，這是最基本的愛。我以前也不懂，覺得父母都不理解我，都不相信我、不鼓勵我，憑什麼啊？後來我自己開始辛苦奮鬥，才知道只有我做出點成績，才能讓別人相信我。身為一個上學十二年都沒學好的人，憑什麼讓父母無條件地相信你並鼓勵你「上學學不好沒關係，走進社會大熔爐你絕對是人生大贏家」，換成是你，你相信嗎？

我有好幾個媽媽社群，每個媽媽社群的特點都一樣，孩子小的時候，天天談論孩子的屎尿屁問題，不是媽媽的人看了覺得這社群裡的人都有病吧；當孩子大了一點，就開始討論上什麼早教，給孩子買了什麼有營養的、好吃的，別人的孩子穿了什麼好看衣裳，然後想盡辦法給自己孩子最好的。那些遊樂場裡週末陪孩子瘋狂玩的父母，哪個不是剛結束一週辛苦的工作，週末誰不想倒頭大睡呢？但「為母則強」，累嗎？累啊，但不覺得，感覺像上了發條一樣。

有時候我們會想，現在這麼無條件地愛孩子，能愛幾年呢？再過幾年，孩子長大了，會理解我們的愛嗎？會跟我們親親抱抱、跳針一樣地喊「媽媽媽媽」嗎？我們都知道，這樣的日子很短暫，甚至只有一兩年，而且一去不復返，可能到他們青春期了還會反過來氣我們，但我們會因此而現在選擇不管不愛嗎？

當我們怪罪父母無條件的愛煩死人的時候，能不能反過來給他們無條件的愛，煩死他們一下呢？就一下？有嗎？

別把你的無能，歸咎於父母對你無條件的寵愛

看了很多把自己的無能怪罪於父母愛自己太多、怪罪於父母教育不當的評論，首先是覺得他們太不懂事了，但也能理解，畢竟他們沒當父母、年紀還小，沒法換位思考，可另一方面，我已經有了孩子，想到有一天我的孩子可能這麼看我，我會難過而死。

為什麼呢？

在我看來，每個當父母的人都想當好父母，但每個人的認知和能力有限，沒有父母是先當了教育家，再來生孩子的。可能你會說：「那先學習一下怎麼當父母再生我啊！這麼匆忙當父母，太不負責任了。」

親愛的，父母都是平凡普通的人，別對他們那麼苛刻好嗎？

有個網友說，他某次去父母工作的地方，才發現父母每天在工地幹活多麼辛苦，自己哭得一把鼻涕一把眼淚，回來就去兼職打工自己賺錢了。時代不同了，上一個時代的父母，大部分只會努力搬磚為你賺錢，別苛求他們在搬磚之餘，還要勤學苦練教

育學，避開我們成長的每一個地雷，不給我們心裡留下一點點陰影和傷害。別說普通家境的家長做不到，就是豪門也很難做到。

話說回來，今天你無能、沒本事、賺不到錢、只能啃老，卻把罪責歸給父母，公平嗎？

父母從小為你摺被子，你就活該不會摺？

父母從小幫你剝雞蛋，你就活該不知道雞蛋還有殼？

父母從小為你賺錢給你花，你就活該只會伸手要，不會自己賺？

那父母送你上學，老師教書育人十幾年，都餵狗了？

你這哪裡是啃老，你這是農夫與蛇的故事，是恩將仇報！

說真的，只要父母還活著，都想為你再奉獻一點，再奉獻一點，再奉獻一點，所以那麼多父母退休後再就業，不服老地再找個工作繼續做，無論家裡有沒有錢，無論孩子是不是人生大贏家，誰不想養花遛狗餵鳥呢？

別說他們老套；

別吐槽他們教育無能；

別埋怨他們腦子裡都是你、只有你；

別學了點知識，就把「原生家庭傷害」六個字扣他們頭上。

我們要做的僅僅是：

接受他們的好與不好，理解和接受他們的愛；

別把父母的不好，傳給下一代；
努力生活和工作，讓自己成為更好的父母。
就足夠了。
還是覺得不開心的話，那就想想，小時候他們一勺一勺餵我們吃飯，哄我們睡覺，替我們搖扇子唱歌，這些看似最簡單的事，有一天他們老到走不動了，不能很好地照顧自己的時候，我們能否對他們做一模一樣的事情呢？
哪怕就一次。

(56)妳要覺得虧，還是別結婚了

如果談到錢就立刻色變，那得好好想想愛到底有多少，愛到底在哪裡？如果沒有利益，你的愛還在不在？

小澤一大早打電話給我，聲音特別低沉地跟我說：「我跟男友大概要分了。」我趕忙問她為什麼，不是馬上就要結婚了嗎？

「我們家那邊的習俗是要十六萬彩禮，我男朋友家出不起，他們覺得太多了。我媽又一定要，說這時候不給，就是不重視我，以後我嫁過去就虧大了。我問了周圍很多人，大家都有彩禮，我都不好意思說我沒有，這樣嫁人我自己都覺得虧了。」

小澤的男友家在四線城市，父母都是工薪階層，過得並不富裕。前幾年供小澤男友上大學已經花了不少錢，近幾年老人家身體不好又花了很多錢，這顯然讓男方有不小的壓力。

彩禮這種事情很難講應該還是不應該，畢竟彩禮是一種習俗，有的地方很講究，認為父母應該替孩子準備，而且規定了一定的金額；有的地方沒那麼明確，能給當然好，哪個父母願意虧待孩子，但並不是每個家庭都過得優渥，孩子結婚時恰好家裡拿不出一筆錢也不是不能理解。

「他家也不能幫我們買房，我們要租房子，以後怎麼辦？彩禮都給不了，以後買房也不能支持我們。我不想讓我的孩子出生在出租公寓裡，他們都這麼不重視我，以後嫁過去豈不是更加沒地位？」

「如果妳真的這麼想，那我勸妳，別結婚了。」

錢，不足以證明感情有多好

曾看過一則新聞，一個窮小子花一百三十元為女友買婚戒，被店員羞辱。他的女友在網上發了一個帖子，吐槽店員羞辱他們的事情，引起網友熱烈回應。很多網友告訴他們自己廉價的戒指和美好的婚姻與愛情，鼓勵他們堅守自己的愛情。

「戒指是在沃爾瑪買的，當時看到就覺得好興奮，其實只要兩百塊……老公知道我是因為便宜才選它，他說要我不要擔心錢的事情，戒指一定要買貴的才行……但我說不是錢的問題。後來我們戴著這個戒指結婚了，再過幾個星期我們就在一起滿十年，結婚滿三年了。」

「我的結婚戒指，是我丈夫父母的婚戒。據說是他爸爸在放學回家的路上買的（高中情侶），那個年紀也只買得起便宜的，然而那種怦然心動的感覺是後來所有東西都無法替代的……後來又戴在了我的手上。」

「你的戒指和你的愛是最美麗的。我手上戴的，是我和丈夫第一次共度耶誕節那天買給我的禮物。我們在一起的時候才十六歲，現在我們一起度過了二十個耶誕節，有了自己的孩子……這枚戒指是我最重要的東西！」

在帖子的最後一段，作者寫道：「在過去，戒指作為結婚信物代表的是幸福。現在，我們把買多貴的戒指當成一種競爭，似乎不夠大、不夠貴，就不足以向別人證明感情有多好。可是一個戒指的價格，真的就能驗證幸福與否嗎？」

單身的時候多努力，為了結婚時不讓你爸媽難受

我有一個特別好的女同事，老公出身農村，而且是特別窮的那種。老公父母很想表達自己的誠意，於是傾家蕩產地拿了兩萬塊錢給同事。同事一看，根本不敢收，害怕自己收了讓老公父母更加窮困。她一分錢沒要，將婚禮延後了一年，跟老公說好一起存十萬塊錢，然後用他們自己賺的錢，假裝是男方給的彩禮，給女方父母一個交代。

當然，女方父母並沒有要這筆錢，還加了一些錢，當作嫁妝送給他們小倆口，這件事算是圓滿解決了。

後來有一次吃飯，同事跟我說：「結婚以後我老公變得非常努力，他說一來是為了自己的小家庭，二來是為了自己父母。自己如果單身時候多努力一點，賺多點錢，就不會讓自己的父母傾家蕩產地給彩禮。雖然彩禮的事情順利解決，但老公的父母總覺得虧欠我，心裡一直不好受。他說他現在才知道，單身時候多努力，就能讓父母從容地生活在人群裡，不難受，不自卑，不為任何事內疚。」

明碼標價的愛情，能表示我愛你嗎？

有句話說：「看一個男人多愛妳，就看他是否捨得為妳花錢。」這句話被當作聖旨，愛情也用金錢衡量，最重要的是，還明碼標價。雖然我很贊同這句話，但前提是對方力所能及，而非對方及對方的家庭都無力負荷的狀態。

我認識一對情侶，只要女生看到任何東西，表達一點點喜歡，男生就會立刻不由分說地買下來，最後因為經濟壓力太大，男孩得了抑鬱症，女孩也受不了他這樣好強而離開了他。

我還認識一個女生，有一天去逛街，看上了一套有點貴的衣服，男友說便宜的那件更好看，於是她氣了很久，覺得男友是因為捨不得，認為她不值得他花那麼多錢買一件貴的衣服。

不少人都問過我關於彩禮的事情，其實很難講，因為我更想知道，除了錢，你們有幾分真心相愛和相互體恤？掏心掏肺的愛，不會因為幾萬塊就化成泡影；互相算計和衡量的愛，才會隨時隨地計算自己是不是虧了。

如果妳覺得虧大了，就別結婚。因為妳今天算計著彩禮，明天就會計算誰為家庭付出更多，後天會算計孩子的才藝班應該誰來付錢，大後天，你就離婚了。

婚姻可以是一樁買賣，但別忘了，裡面還有愛，哪怕只有一丁點。如果談到錢就立刻色變，那得好好想想愛到底有多少，愛到底在哪裡？如果沒有利益，你的愛還在不在？

想明白，再結婚吧！

⑸⑺老公說：我從來不會把妳跟別的女人比

人生的每一刻都不會重來，每個人的一生，都一定會遇到一個值得你用力去抱緊的人。

有天晚上跟老公去吃火鍋，回來的路上我們手拉著手散步。他跟我說：「雖然我們在一起這麼久了，卻總覺得好像剛剛在一起。」

我說：「雖然我們在一起這麼久了，但每一個今天之前的日子，都好像被洗掉的磁帶，每一天我們都是剛開始。」

老公說：「做文字工作的就是不一樣！」

真的，就是這樣。

很多人說：「星姐，妳應該寫寫妳跟老公的故事。」

不是不寫，是根本想不起來。每一天過後，我的腦子就是一片空白。很多故事、很多細節、很多對話，就好像雲一樣飄走了，留下今天的他和我，珍惜眼前每一分鐘的日子。

我不知道，你們有沒有這種感覺。

懷著老大的時候，老公說不想有孩子，害怕有了孩子我就不把他放在心上了。

坐完月子之後，老公說，就算再累，也不能因為孩子晚上要吃奶、要哭、要吵就跟我分房睡，就算很多家庭都是這樣，我們也不能。

有了老二之後，老公工作更忙、更累了，但依然像以前一樣，孩子一哭，就立刻爬起來熱奶，然後遞給我餵。

看過很多月子裡或者有了孩子以後漸行漸遠，甚至遠到連親情都沒有的夫妻，我一直覺得，遇到他，我用盡了所有的運氣。

有天晚上，女兒餓了哭，我坐起來抱她安撫。兒子被吵醒後看了我一眼，爬到我身邊，靠在我身上閉著眼睛。老公熱奶回來進屋看到這一幕，說：「你們太美了，就像一隻鳥媽媽帶著一群小鳥在窩裡等著我叼蟲子回來餵食。」

老公一直鍾愛家庭氛圍，就像我每次抱著女兒睡在他左邊，兒子躺在自己的小床上睡在他右邊，左擁右抱的他都會用暗夜幽靈一樣的聲音，慢慢地說：「謝謝妳給了我這麼幸福的生活。」

一個女人當了媽媽，最大的變化就是孩子成了心裡的第一位。老公經常為此抱不平，雖然他也很愛孩子，但他總把我放在心中第一位。他說：「孩子第一我第二，以後要是養條狗，大概狗也會排在我前面。」

生女兒的時候，因為剖腹產，醫生問我們是否要用一些高檔的耗材，好是很好，但要另外付費。我覺得太貴了，有些不捨得，心想反正很多人沒用也沒什麼不好。老公則毫不猶豫地跟醫生說：「用，多少錢都用。剖腹產一輩子就這一次，這是一輩子的事，再貴能有多貴？」

因為我對刀疤非常介意，出院後總是跟醫生諮詢消除疤痕的藥，逼得醫生跟我說：「妳不要太緊張，妳的刀口已經很完美了，過一年應該就沒什麼了。」後來我跟醫生說：「其實我並不緊張，我用了那麼多藥，現在已經好過我的預期，只是我老公，每次看到這個刀口，都心疼得不得了，總覺得我為他受了很多罪。」

有天我跟他說：「要是我以後死在你前面，你不許找別的老太太，否則我做鬼都不會放過你。」老公說：「妳放心，不會的，妳要是死了，我大概也活不了太久。」

女兒的脾氣很暴躁，一點不滿意就大哭大鬧。

老公說：「女兒脾氣像妳，兒子笑起來那個賊樣也像妳。兒子善良像我，女兒好看也像我。」我說：「就是好的都像你，不好的都像我囉！」

老公說：「妳這輩子最大的不好就是嫁給了我，我最大的好就是娶了妳。」

我跟老公說：「每次我看到別的男人，都覺得他們不及你的百分之一，多看一眼的興趣都沒有。」

老公說：「我從來不會把妳跟別的女人比，因為人比人，氣死人。」

上次老公出差回來說很想我。我說你想兒子嗎？老公說一般吧。我說那你記得你還有個女兒嗎？老公說：「呀，忘了！」

兒女雙全有什麼用，反正老爸也不記得他們。

老公生病住院要喝小米粥，我提了一桶到醫院，說：「你就拿著桶喝吧！」

老公跟我說：「妳這個人啊，迷信、愛錢、貪婪、高冷、犀利、刻薄、老說實話、愛怎樣就怎樣，從不謙讓；對妳最受用的安慰就是『妳一定會發大財』。我就喜歡妳這人性顯露的樣子！」

有天晚上，我夢見我有一對兒女，老大男孩叫米兒，老二女孩叫豆兒。醒來我跟老公說，老公想了半天說：「妳家是不是缺糧食？」

孩子出生前，我問老公，孩子出生後你準備幹什麼？老公說：「我的工作就是疼妳。」

這個答案感人肺腑，卻又十分抽象，我竟久久無言以對。

「老公，我年後準備學中醫了，為家庭貢獻。你說我是從中醫藥理開始學好呢？還是從推拿針灸開始學？」

老公說：「妳最好什麼都不要學，就是對家庭最好的貢獻。」

有次老公發燒，臨睡前我跟他說半夜要是不舒服就叫醒我。半夜睡得正迷糊，突然感覺老公翻身拍了我一下，我一下子醒了，溫柔而信誓旦旦地說：「我在！」

深藍色的夜，我默默地守著他，浪漫而靜謐的氛圍裡，只聽見老公清晰地說了一句話：「別搶我被子。」

老公抱著女兒在屋子裡邊走邊念詩。我聽著好像不太順，便問：「你這上下句是同一首詩嗎？怎麼那麼怪？」老公說：「沒關係，不管是不是同一首詩，都是好詩！」

有天大半夜，老公說：「一想到女兒的未來就很激動。她肯定跟妳一樣，叼個棒棒糖，趾高氣揚，神經兮兮，橫衝直撞，看誰都瞪眼！」我平時是這樣嗎？

有一種愛情，不是讓人羨慕讓人笑的，而是讓人無語凝噎。我想了想我和老公的感情，好像什麼都不記得，一切都像渾濁的水，分不清，道不明，只求對方在身邊好好活著，至於活成什麼樣子都無所謂。

很多人問我：「星姐，找到一個對的人是什麼感覺？」

我想，大概就是妳遇到他之後，一切曾經在腦海裡設定的條件都消失了，心裡的愛恨情仇也不記得了。眼前只有這一個人，妳不會有任何放棄和動搖的念頭，妳比任何時候都堅定。

有一次抱著女兒坐著看卡通，一邊看一邊吃餅乾，掉了女兒一頭的餅乾屑。以前抱著兒子看卡通的時候，常把他的頭當盤子放橘子皮，回頭看看老公，他正在替我的倉鼠換木屑餵食物。我想，這就是平凡而幸福的生活吧，用不著山無陵天地合冬雷震震夏雨雪，也不與君絕。

想想再過二十年，我就是惡婆婆和怪獸丈母娘了，也是挺期待的。

謹以此文送給老公，感謝你讓我明白「人世間每一次相遇都是久別重逢」的意義，並由衷期待我們將共同走過的幸福時光。

謹以此文獻給每一個你，無論此時此刻你在哪裡，還沒戀愛，正在戀愛，剛結婚，剛生孩子，正在吵架或分手，甚至離婚。你要相信，人生的每一刻都不會重來，每個人的一生，都一定會遇到一個值得你用力去抱緊的人。

祝所有人，一生美好又幸福。

高寶書版集團
gobooks.com.tw

高寶文學 015
你自以為的極限，只是別人的起點
作　　者　特立獨行的貓
主　　編　吳珮旻
責任編輯　余純菁
封面設計　林政嘉
內頁排版　趙小芳
企　　劃　鍾惠鈞

發 行 人　朱凱蕾
出　　版　英屬維京群島商高寶國際有限公司台灣分公司
　　　　　Global Group Holdings, Ltd.
地　　址　台北市內湖區洲子街 88 號 3 樓
網　　址　gobooks.com.tw
電　　話　(02) 27992788
電　　郵　readers@gobooks.com.tw（讀者服務部）
　　　　　pr@gobooks.com.tw（公關諮詢部）
傳　　真　出版部　(02) 27990909　行銷部 (02) 27993088
郵政劃撥　19394552
戶　　名　英屬維京群島商高寶國際有限公司台灣分公司
發　　行　希代多媒體書版股份有限公司 /Printed in Taiwan
初版日期　2018 年 3 月

國家圖書館出版品預行編目 (CIP) 資料

你自以為的極限，只是別人的起點 ／特立獨行的貓著．--
初版．-- 臺北市：高寶國際出版：希代多媒體發行，2018.03
面；　公分．--（高寶文學：015）

ISBN 978-986-361-501-9（平裝）

1. 成功法 2. 通俗作品

177.2　　　　　　107000305